KB211892

70이 되어 든
생각들

임 철 완

70이 되어 든
생각들

인생과 그리고 죽음에 대하여
관심 있는 분들에게 드립니다.

임 철 완

| 개정 7쇄를 발간하면서... |

이 책의 표지에는 5쇄까지 "하나님과 예수 그리스도에게 관심이 있는 형제 자매들에게 드립니다" 라는 글이 쓰여져 있었습니다. 그것은 저로서는 책을 읽는 독자들이 무슨 종교와 상관없이 신(神)이신 하나님과 역사상 인물인 예수 그리스도에 대하여 한 번 알아보기를 기대하였기 때문일 것입니다.

그런데 책의 표지만 보고 책을 당장 냉대(冷待)해버리는 사람들을 종종 만나게 되었습니다. 아마도 이 책을 교회 선전하는 책으로 생각하는 것 같았습니다. 땅 위에 있는 인간들의 조직인 교회를 예수 그리스도와 동일하게 생각하고, 교회가 싫어서 예수 그리스도까지 담을 쌓아버린다면 너무나 안타까운 일입니다. 그래서 표지의 글을 다시 쓰고, 오자(誤字)와 약간의 미숙한 문장을 교정하여 개정 7쇄를 발행하게 되었습니다.

이 책이 2020년 6월에 동경의 일본 그리스도교단 출판국에서 신앙과 인생 (信仰と人生)의 제목으로 발행되었습니다. 성령님의 역사로 생각하면서 기쁘게 생각합니다.

2021년 9월

임 철 완

추천의 글

제가 이 책의 저자 임철완 교수님과 인연을 맺게 된 것은 지금으로부터 약30여 년 전 입니다. 당시 저자는 전주서문교회 대학부를 지도하는 부장집사님으로 봉사하고 계셨고, 저는 대학부에 출석하는 학생으로서 자연스럽게 기독교 신앙에 대한 영향을 주고받는 관계로 저자를 알게 되었습니다.

당시 저자는 저를 포함한 많은 학생들과 젊은이들에게 신앙인으로서 큰 영향과 자극을 주셨을 뿐 아니라 본인이 삶에서 이를 실천함으로써 수 십 년의 세월이 흐른 지금까지도 제자들과 선·후배들에게 귀감이 되고 계시며, 정신적인 지주역할을 하고 있으십니다.

저자는 기회가 있을 때마다 특강이나 소모임 등을 통해 이 책에 나오는 구체적인 주제들에 대해 기독교인으로서 어떻게 올바르게 인식하고 실천해야 하는지를 자신만의 독특하고 명쾌한 분석으로 혼신을 다해 열정적으로 설명하셨을 뿐 아니라, 신앙적 확고한 신념으로 지금도 흔들리지 않는 자세와 태도를 유지하고 계십니다.

저와 저자가 지금까지 이어지는 특별한 인연이 된 사연은, 제가 청년시절 병든 홀어머니를 모시고 2명의 동생을 부양하며 학교에 다니던 가난한 고학생이던 저에게 저자는 한 학기 등록금을 아무도 모르게, 아무런 조건 없이 지원해 주셨습니다. 제가 가장 어려웠던 시절 평생 잊을 수 없는 고마운 기억으로 남아 있으며 지금도 그 사랑에 빚 진자로서 오늘을 살아가고 있습니다.

한 가지를 추가해서 말씀드리자면 이러한 혜택을 누린 사람이 비단 저만은 아니라는 사실입니다. 저자는 지금까지 어려운 처지에 있는 많은 사람들에게 정신적으로나 물질적으로 크고 작은 사랑과 자비를 베풀어 왔음을 저는 잘 알고 있기 때문입니다.

이는 소유의 많고 적음에 따라 행할 수 있는 일이 아니며, 오직 예수님을 통해 얻은 사랑의 마음을 어떻게 삶 속에서 실천하고, 흔들림 없이 지속적으로 구현해 갈 수 있는가 하는 강한 의지가 있어야 가능한 일이기 때문입니다.

저자는 기독 청년들에게 책임있는 사회인으로 성장하기를 바라면서, 신앙인으로서 어떻게 살아야 하는지를 말보다 행동으로 보여주신 신앙의 스승이셨습니다.

「70이 되어 든 생각들」은 책의 제목처럼 원로신앙인이 나이 70대가 되어서야 알게 된 생각들이 아닙니다. 저자는 오래전부터 신앙인으로 진리를 향한 갈망과 깨달음, 인간의 삶과 사회적 문제와 현상을 성경을 통해 통찰력 있게 바라보고, 이를 통해 형성된 확고한 신념을 바탕으로 신앙칼럼이라는 형식을 빌려 독자들에게 쉽고 설득력있게 전달하고 있습니다.

이 책을 한마디로 정의한다면 "성경으로 돌아가자!(Back to the bible)" 라고 말하고 싶습니다. 이는 각 주제별 내용의 핵심은 "성경으로 돌아가야 한다!"는 것을 일관되게 주장하고 있으며, 이를 자신만의 해법과 표현방식으로 명쾌한 해설을 더해 주고 있습니다.

제가 청년시절에 경험한 예를 한 가지 든다면, 저자가 하신 말씀 중에 "성경은 하나님께서 인간을 사랑한다는 내용을 담은 일종의 연애편지인데 어찌하여 기독대학생들이 성경보다 성경을 해석한 신앙서적을 더 많이 읽고 토론하는 문화를 가지고 있는가? 사랑하는 사람이 보내준 연애편지는 그 것을 읽는 자체로 전해지는 느낌과 감동이 큰 것이지 연애편지의 내용을 해석해 놓은 책을 읽는 것이 어찌 더 감동이 크겠는가?" 라고 하시면서 성경읽기를 강조하시던 모습을 저는 지금도 생생하게 기억하고 있습니다.

저자의 이러한 생각은 70년을 살아오면서 축적된 원숙함과 성경에 대한 해박한 지식과 더불어 평생을 신앙인으로서 자신의 삶을 치열하게 살아오면서 체득한 경험과 깨달음, 흔들림 없는 확신과 신념을 기도하는 마음으로 정리하고 기록한 책이라고 생각합니다. 따라서 이 책을 읽는 기독교인이라면 세상의 모든 문제와 현상들을 예수님의 말씀과 가르침, 성경을 통해 해답을 찾는데 유익한 길잡이가 될 수 있을 것이라 믿습니다.

끝으로 이 책은 기독교인이 아니더라도 건전한 생각과 상식을 가진 사람이라면 누구나 쉽게 공감하고 받아들을 수 있기에 많은 사람들에게 널리 일독을 권하고자 합니다.

2017.06.05.

현대종합연수원/ 현대블룸비스타 대표이사　조　영　민

(초판) 서문

저는 대학교수(의과대학 피부과학 전공) 출신입니다. 교수로서 필수적인 일이 논문을 쓰고 발표하는 일입니다. 논문을 쓰면서 깨닫게 된 사실은 자기 머릿속에 들어있는 것도 그것을 글로 써 보아야 분명하여지고 정리가 된다는 것이었습니다.

저와 나이가 비슷한 미국인 리더십 전문가 존 맥스웰 (John Maxwell)이 한 말이 마음에 와 닿습니다. "우리 중 약 95%의 사람은 자신의 인생 목표를 글로 기록한 적이 없다. 그러나 글로 기록한 적이 있는 5%의 사람들 중 95%가 자신의 목표를 성취하였다"는 것입니다.

저는 제가 중학교 2학년때 어머니께서 사주신 성경을 처음 읽었습니다. 세례는 초등학교 1학년때 천주교에서 받았습니다. 그러니까 일생을 소위 기독교신자라는 말을 듣고 살았겠지만 이제 70세를 지나서야 겨우 간신히 하나님과 우리 주 예수 그리스도를 조금이나마 알게 된 것 같습니다. 그래서 제가 알게 된 것을 제 자신이 확실하게 해 두려고 이 글들을 쓰게 되었습니다. 그리고 이 내용을 형제자매 여러분과 나누고 싶습니다.

저의 이 글들은 제가 70세가 되었을 때 당시 전북 CBS의 이기완 프로듀서의 강권으로 방송하게 되었던 5분 메시지를 모은 것입니다. 그에게 진심으로 감사드립니다.

이 세상에 오셔서 고난을 받으시고 피 흘리시고 죽으셨다가 부활하시어 지금도 살아계시고 장차 다시 오실 우리 주 하나님의 아들 예수 그리스도의 은혜가 형제자매 여러분에게 항상 있기를 기도합니다.

2017년 2월 11일
저자 임 철 완

목차

목차

1. 성경책

2015. 04. 13

우리나라 각 도시마다 웬만큼 큰 서점에 가보면 한 권에 1~2만 원 정도주면 살 수 있는 성경책이 있습니다. 이 성경은 한 권으로 제본되어 있지만 실은 몇 페이지 또는 몇 십 페이지 정도 되는 얇은 책들 66개가 모아져 있습니다.

그 중 사복음서라고 말하는 마태복음, 마가복음, 누가복음, 요한복음이라는 4권의 책이 있습니다. 이들 마태, 마가, 누가, 요한은 각각 그 책을 쓴 저자들 이름입니다. 이들 네 사람은 자신들이 무슨 연구를 해서 그 연구결과를 발표한 것이 아닙니다. 자신들이 그냥 그 당시 보고 들은 사건을 기록하였을 뿐입니다.

지금도 지구상에 일어나고 있는 많은 사건 사고들을 매일 취재하여 보도하는 일간지 신문기자들이 있고, 또 사건을 거의 동시에 보고하는 인터넷 뉴스 기자들도 있습니다. 또 날마다 발행하지는 않지만 그 대신 사건발생을 심층 취재하여 주간 별로 보고하는 미국의 타임 잡지 같은 시사 주간지도 있고 한 달에 한번씩 발행하는 월간지도 있습니다. 이들 모든 기자들의 공통점은 독자들이 직접 보지 못한 사건들을 알려준다는 것입니다.

그러나 신문사마다 동일한 사건을 보도하면서도 각각 취재기자의 실력과 성향에 따라 보도내용이 차이가 있습니다. 그래서 우리들은 꼭 자세히 알아보고 싶은 사건은 자연히 여러 개의 신문과 시사 잡지를 구해서 읽어봅니다. 4복음서(福音書)도 이와 마찬가지입니다. 지금부터 약 2천 년 전에 지금의 이스라엘 땅에서 일어난 사건을 취재하여 기사로 작성해 둔 사람들이 있었는데 그 사람들이 바로 마태, 마가, 누가, 요한이었습니다. 그리고 사건의 중심인물은 예수 그리스도라는 사람이었습니다.

저는 제가 근무했던 직장(전북대학교 의과대학)에서, 그 직장이 처음 설립 될 때의 상황을 알아보고 그것을 문서로 만들어 보면서 느낀 것이 있는데, 사람들은 30년 전 정도의 사건들은 직접 경험해본 사람들이 대부분 아직 살아계시더라는 것 입니다.

역시 30년은 한 세대(世代)이었습니다. 예수 그리스도가 십자가에서 죽은 시기가 서기 30년경인데, 마태, 마가, 누가가 예수 그리스도 사건 기사를 작성한 것이 서기 60년 내지 70년경이며 요한은 이들 보다 약 20년 후입니다. 이들 기록 들은 동시대의 사람들이 아직 살아있을 때 직접 예수 그리스도를 만나 본 사람들이 취재하여 작성한 당시의 보고서입니다. 그런데 그 보고서가 너무 기쁜 소식이어서 이를 한문으로 복음(福音)이라고 하고 영어의 gospel이라는 말도 good spell, 즉 좋은 글자라는 뜻입니다. 우리 말로는 기쁜 소리입니다.

저도 이 기록들을 읽어보면 이렇게 기쁜 소식을 알게 해준 이들 네 명의 기자들이 참 고맙다는 생각이 들고 천국에 가면 꼭 만나봐야겠구나 하는 생각이 듭니다.

이 방송을 듣고 계시는 분들도 우리가 성경이라고 부르는 이들 기록들을 꼭 직접 읽어보시기 바랍니다. 그냥 집에 가지고만 계신다면 수억 원짜리 은행수표를 휴지조각처럼 버려두는 것과 같습니다.

2. 100세 시대와 노후준비

2015. 04. 20

작금 우리나라에서 발행되는 수많은 신문잡지의 칼럼들과 각종 광고 문구 가운데 가장 많이 만나는 것이 무엇일까요? 아마도 100세 시대를 맞이했다는 것과 노후 준비에 대한 이야기가 아닐까요?

저는 이러한 분위기를 보면 우리 국민들이 모두 들떠있는 것은 아닌가 하는 생각도 들고 모두 속아 살고 있는 것은 아닌가 하는 생각도 듭니다. 2015년도 우리나라에 100세 이상 되시는 분이 3,000명정도 계신다고 합니다. 그러나 현재 한국인구가 5천만 정도인데 인구 1억 2천만인 이웃나라 일본은 100세 이상 되신 분이 60,000명 정도라고 합니다. 그렇다면 일본은 한국보다 100세 이상 생존할 가능성이 대강 열 배나 더 많은 장수 국가입니다. 그래도 일본은 100세 시대라는 표어가 한국처럼 범람하지는 않는 것 같습니다.

고령자수가 세계적으로 증가하고는 있지만 평균 수명이 90세를 넘은 나라는 아직 없습니다. 아시겠지만 2014년도 우리나라 평균 연령은 이 전 세대보다 늘기는 하였지만 82세입니다.

오늘 날 한국사회에서 100세 시대를 가장 열성 있게 홍보하는 기관은 각종 생명보험회사를 비롯한 금융기관이라고 생각합니다. 그리고 100세 시대를 맞이하였다는 말은 복지국가가 되었다는 말과도 통하므로 국가의 정권을 맡은 자들에게도 싫지 않은 선전문구가 되겠구나 하는 생각이 듭니다. 문제는 100세 시대라고 하니 국민들이 막연하나마 자기도 100세까지 살겠구나 하면서 노후 생활 보장과 노후 준비가 최고의 가치이며 성공한 인생의 척도처럼 되어버리고 사람이 왜, 어떻게 살아야하는가 인생의 의미를 찾는 것은 완전히 뒷전으로 밀려버린 것입니다.

또 요즈음 결혼 년령이 너무 늦어져서 낮은 출산율이 문제가 되고 있는 것은 다 아는 사실인데도, 아직 미혼인 사람들 중에는 결혼을 50세에 해도 배우자와 50년을 같이 살지 않겠냐고 말하는 사람들까지 등장하고 있습니다.

설령 한국 사람 태반이 100세 이상까지 살게 되어서 명실 공히 평균 연령 100세 가 되었다고 해서 그것이 한국국민의 행복과 얼마나 관계가 있을까요. 또 노후 준비를 그렇게 열심히 하고들 있는데, 그 노후 시기라는 것은 아무리 길게 잡는다해도 이미 살아 온 지난 햇수보다는 훨씬 더 짧지 않겠습니까. 청장년 시기에 노후 준비를 한다면 노후 시기에는 무엇을 준비하며 살아야 할 까요?

조만간 끝날 자신의 인생을 가장 의미있게 사는 방법은 영원한 생명을 주관하시는 하나님을 찾아 만나는 것입니다.

3. "딸아 네 믿음이 너를 낫게 하였다."

2015. 04. 27

　마가복음 5장에 등장하는 12년 동안 혈루증으로 고생하던 여인에 대하여 생각해봅니다.

　혈루라는 말은 피가 새고 있다는 뜻이니까 이 환자는 계속 출혈하는 질병을 앓았던 모양입니다. 12년 동안 장기간 고생한 것을 보면 현대의학에서 말하는 혈우병처럼 여인의 몸 안의 여러 관절이나 장기가 자연 출혈로 붓게 되고 피부에도 멍이 많이 들게 되어 여인으로서 일도 하지 못하고 출산도 하지 못하고 그 동안 죽을 고비도 여러 번 당했을 것으로 생각합니다.

　이 여인이 지나가시는 예수님을 만나게 되었는데, 다른 환자들처럼 자기 병을 고쳐달라고 앞에 나가지도 못하고, 길가에 서서 불쌍히 여겨달라고 외치지도 못하였습니다, 여러 사람들과 함께 걸어가시는 예수님의 뒤로 접근하여 겨우 예수님의 옷자락만 가만히 만져보았습니다. 그 이유는 감히 그 분의 안수까지는 받지 못하여도 그 분의 옷자락만 만져도 병이 낫지 않겠는가 하고 생각했기 때문이었을 것입니다.

　그런데 예수님 옷을 만져본 순간 정말 그녀의 혈루증상이 치유된 것을 몸으로 느끼게 되었습니다. 그리고 예수님께서는 다음과 같이 말씀하셨습니다.

　"딸아 네 믿음이 너를 낫게 하였다. 평안히 가거라." 하고요.

이 여인에 대하여 성경은 여기까지만 기록하고 있습니다.

이제 그 여인이 집에 돌아가서 그 날 저녁에 가족들에게 무어라고 말했을까를 저는 상상해봅니다. 혹시라도 가족과 친지들에게 "오늘 예수 선생 옷자락을 만졌는데, 만지면 낫는다는 내 믿음 때문에 내 병이 나아버렸어. 정말 믿음이라는 것은 무슨 일이나 할 수 있다는 것을 나는 알았어."라고 말했을까요?

청취자 여러분들께서는 어떻게 생각하십니까?

저는 그 여인이 다음과 같이 말했을 것으로 생각합니다.

"예수라는 분은 정말 능력이 넘쳐나는 분이야. 그가 입고 계시는 옷만 만졌는데도 내 병이 나아버렸어. 그 분은 정말 하나님께서 보내신 분인가 봐" 라고 말하지 않았을까요. 그 여인은 예수님께서도 칭찬하셨던 자신의 믿음이라는 것은 언급하지도 않았을 것으로 생각합니다.

왜냐하면 그 여인의 혈루증은 그녀의 믿음의 능력에 의하여 나은 것이 아니고, 예수님의 능력 때문에 나은 것이기 때문입니다. 우리들이 믿음만이, 믿음만이 하고 구호처럼 외치다 보면 이는 자기최면이 되어서 허황된 것이 되고 맙니다. 신자들은 자신의 믿음에 대하여는 관심조차 가질 것이 없습니다.

우리가 가져야 할 관심은 단지 하나님과 그의 아들 예수 그리스도뿐입니다. 우리들의 믿음의 분량에 대하여 관심을 가지고 평가하실 분은 우리 자신들이 아니고 하나님과 그의 아들 예수 그리스도이십니다. (80장, 176p 참조)

4. 기독교 명칭

2015. 05. 04

우리의 일상사인 먹고 자는 것은 말 못하는 동물들도 매일 하는 것입니다.

사람만이 할 수 있는 것이 말(언어)인데 이 말이 없었다면 인류 문화라는 것은 아예 시작도 못했겠지요. 이 말 가운데 특히 중요한 것이 무슨 대상을 부르는 명칭입니다. 엄마, 아빠부터 시작하여 대상을 부르는 것이 바로 문화의 시작입니다.

자동차, 뗏목, 잠수함, 코끼리, 하마, 등등 정말 수많은 명칭들을 처음에 누가 만들었는지 모르지만 참 머리 좋은 사람들이었다고 생각합니다.

창세기 2장 19절을 보면 최초의 사람인 아담이 인류역사 최초의 문화적 활동을 시작하였는데, 이는 온갖 들짐승과 새에게 이름을 지어주는 것 이었습니다. 즉 대상에게 적합한 명칭을 부여하는 것이었습니다. 우리나라 문화형성에 크게 영향을 미친 3대 종교는 유교, 불교 그리고 기독교입니다.

저는 지금 기독교방송국에서 방송 중입니다. 그런데 이 기독교라는 명칭의 뜻을 의외로 많은 기독교인들이 알지 못합니다.. 한문으로 기(基)자는 기초공사라고 할 때의 기, 즉 터 기입니다. 독(督)은 감독한다는 뜻이고요. 그렇다고 해서 기독이 기초를 감독한다는 뜻으로 만들어진 명칭은 전혀 아닙니다.

이는 예수 그리스도를 한문글자로 표기한 것이 야소(耶蘇) 기리사독(基利斯督) 이고 이중 기리사독을 그 첫 자와 끝 자를 따서 기독으로 부르는 것뿐입니다.

한자는 뜻을 표기하는 글자이므로 소리 나오는 대로 소리를 적을 수가 없기 때문에 비슷한 발음을 가진 글자를 골라 쓴 것입니다. 우리나라에 19세기 말에 왔던 미국선교사들도 자신의 영어이름을 한자에서 비슷한 발음을 골라서 한문이름을 만들곤 했습니다.

그런데 예수 그리스도교, 즉 야소 기리사독교를 꼭 간단히 부르고 싶다면 차라리 과거 일제시대처럼 계속 야소교라고 불렀다면 야소에서는 예수라는 이름이 바로 연상 될 수 있고, 그렇다면 내가 야소교 신자이니까 야소처럼 살아야겠구나 하는 생각이 들 것 같습니다. 이를 지금은 기독교라고 부르니 기독이라는 명칭에서 그리스도를 연상하기는 완전 불가능합니다. 그야 이름이야 부르기만 하면 되었지 무슨 상관이냐고 말 할 수도 있겠으나 저는 다음과 같은 생각을 해봅니다.

현재 한국 교회와 교인들의 신뢰도가 심각히 문제되고 있으나 기록에 보면 일제시대에는 일본 경찰들도 조선사람 야소교인은 거짓말을 하지 않는다고 믿고 야소교인의 말은 법정에서 증거로 채택될 정도이었다고 합니다. 이는 당시 야소교인은 야소처럼, 즉 예수처럼 살려고 노력하였기 때문입니다. 그런데 지금 기독교 교인들은 기독이라는 말이 무슨 뜻인지도 모르고, 자신이 일요일에 나가는 무슨 회사이름 정도로 알고 있으니 예수 그리스도를 닮으려고 어떻게 마음이라도 먹어지겠는가 하는 것이 저의 생각입니다.

5. 예수이름으로 기도합니다. (관명사칭)

2015. 05. 11

어떤 사람이 이름, 직업, 주소, 나이 따위를 거짓으로 속이는 것을 속일 詐와 일컬을 稱자를 써서 사칭(詐稱)한다고 합니다.

사칭 중에서 우리가 종종 신문에서 보는 것은 청와대나 국정원 직원인 것처럼 행세하여 취직 또는 사건 해결을 미끼로 사람을 속여서 금품을 챙기는 관명사칭이 있습니다. 아니면 자기형이 이전에 고위관직에 있었는데, 마치 자신이 그 관직에 있었던 사람처럼 행세하는 경우도 있고 또는 자신이 높은 사람들을 평소에 잘 아는 것처럼 말하고 다니면서 남에게 더 좋은 대접을 받으려는 사람들도 있습니다.

그런데 이렇게 사칭하는 행위를 한번만 하는 것이 아니고 습관적으로 자주 하고 다니면 이러한 사람들을 사기꾼이라고 부릅니다.

저의 친구 중에서 내과원장이 한 명 있습니다.

이 친구가 어느 날 진료를 하고 있었는데 대학생 차림의 한 젊은 여자가 찾아와서 자기가 원장님의 딸과 아주 친한 사이라고 자기소개를 하면서 돈을 빌려달라고 했는데 그 친구가 하마터면 속을 뻔 했다는 이야기를 들은 적이 있습니다. 그 때 그 친구는 좀 이상한 생각이 들어서 자기는 자기 딸과 친한 학생들은 다 알고 있는데 자네 이름이 누군가 하고 물어보니 그냥 나가버렸다고 합니다.

하나님을 믿는다고 하는 신자들은 하루에도 여러 번 하나님께 기도합니다. 그리고 매번 기도할 때 마다 마지막에는 "예수님의 이름으로 기도드립니다." 라는 말로서 끝을 맺습니다. 혼자 하는 기도나 교회 강대상에서 하는 대표기도나 언제나 끝말은 예수님 이름으로 기도 드린다는 것입니다.

사실 복음서를 보면 주 예수님께서 "너희가 내 이름으로 구하면 이루어 질 것이다." 라고 직접 말씀하셨습니다. 그렇다면 우리는 기도할 때 마다 내가 과연 예수님 이름으로 기도할 자격이 있는가를 당연히 생각해 봐야 할 것입니다.

다시 말하면 내 안에 예수님이 계시는가?

내 자신이 예수이름으로 하나님에게 무슨 부탁을 해도 좋을 정도로 예수님과 친한 사이 인가를 스스로 물어봐야 할 것입니다. 자신이 평소 때 예수님에게 부탁 받은 일은 도대체 신경도 쓰지 않고 지내면서, 아니 무슨 부탁을 받았는지 기억조차도 하지 않고 살면서, 예수님의 아버지 되신 하나님께 예수님 이름으로 기도한다고 하면 하나님께서 과연 어떻게 생각하실까요?

제 친구 내과원장도 자기를 찾아온 여자가 자기 딸의 진짜 친구인가 아닌가를 눈치채버렸는데, 신이신 하나님께서 기도하는 사람이 자기 아들 예수 그리스도와 친한 사이인가 아닌가도 모르시고, 누가 예수님 이름으로 기도했다고 해서 그 기도를 이루어 주시겠는가 하는 것이 저의 생각입니다.

6. 여권

2015. 05. 18

한국인 해외여행자가 해마다 증가하여 작년에는 약 1600만 명이나 되었습니다.

그런데 이 해외여행을 위해 꼭 필요한 것이 여권입니다.

여권은 영어로 패스포트라고 하는데 이는 항구를 통과할 수 있는 신분증이라는 말에서 시작하였습니다. 여권이 없으면 아무리 돈이 많은 사람도 우선 한국에서 출국부터 할 수가 없으며 외국 여행 중에도 항상 지참하고 다니거나 최소한 어디에 두고 있는가는 알고 다녀야 합니다. 그런데 다행히 이 여권은 작은 수첩정도의 크기에 무게도 가벼워서 여행 중 여권 때문에 팔이 아프거나 다리가 피곤하지는 않습니다. 오히려 없으면 불안하기만 한 것이 여권입니다.

오늘 현재도 지구상에는 많은 난민들이 수천, 수만 명씩 난민촌에서 오도 가도 못하고 구호식품으로 겨우 목숨만 연명 중인데, 이 난민이란 바로 여권이 없는 사람들을 말합니다. 본국에서는 전쟁 때문에 살 수가 없고 이웃나라는 여권이 없어서 입국 할 수도 없고 그래서 난민이 되어 버린 것입니다. 그러므로 이들 난민에게 가장 좋은 최고의 선물은 바로 여권을 만들어 주는 것입니다. 그러나 세계각지의 수많은 자선 단체나 개인이 비록 많은 구호품을 보내주나 여권을 만들어 주는 사람은 없습니다. 1차 세계대전이후 러시아의 레닌에 의하여 난민이 되어버린 백러시아 사람 45만 명에게 여권을 만들어 주어 이 들을 구출해 준 공로로 1922년 노벨 평화상을 수상한 노르웨이의 난센이 지금도 기억될 뿐입니다. 여러 분들 중에는 혹시 친지들과 함께 해외여행을 즐겁게 마치고 귀국 비행기를 타러 공항까지 나왔는데 출국 심사 직전에 본인이 여권을 분실한 경험을 해 보신적은 없습니까? 저는 그런 경우를 당한 사람을 본 적이 있었는데, 정말 보기에 딱했습니다.

한국인의 해외여행을 위한 여권은 한국의 외교통상부장관이 발행합니다.

여권 첫 페이지를 보면 이 여권소지인이 아무 지장 없이 통행할 수 있도록 부탁한다는 외교통상부장관의 부탁말씀이 적혀있습니다. 이것이 바로 여권입니다. 따라서 해외여행을 가지 않거나 외국에 가서도 귀국하지 않고 숨어서만 살겠다면 이 여권은 필요가 없겠습니다.

우리는 조만간 모두 이 땅을 떠나 다른 나라로 가야 합니다. 즉 천국으로 가야합니다. 이 여행은 지금 하는 해외여행처럼 원하는 사람만 가는 것이 아니고 모두 누구나 가야 합니다.

저는 천국에 갈 때도 역시 천국 입국을 위한 여권이 필요할 것으로 믿습니다. 그런데 그 여권은 누가 발행 할 수 있을까요?

아무래도 그 여권은 예수 그리스도만이 발행 할 수 있을 것 같습니다. 왜냐하면 그 분은 이 땅에 오셨던 하나님의 아들이시고 천국은 하나님께 속해 있기 때문입니다. 제가 무슨 동화이야기를 하고 있는 것이 아닙니다. 그러니까 시간을 내어 꼭 예수 그리스도를 미리 만나보시기 바랍니다. 그 분을 만나기 위해서는 우선 신약성경부터 읽어보시기를 바랍니다. 예수 그리스도를 만나기 위하여는 신약성경의 사복음을 읽어 보는 것이 필수과정입니다.

7. 가족관계

2015. 05. 25

인간관계에 대하여 가장 생각을 많이 하였다는 사람이 바로 중국의 공자입니다. 공자의 사상을 대표하는 인(仁)이라는 한자의 구성이 사람 두 명 이라는 것을 보아도 짐작이 갑니다. 그는 훌륭한 인격과 천한 인격을 설명하면서 전자는 군자라고 말하고 후자는 소인이라고 말했는데, 군자는 사귀는 것이 물같이 담백하고 소인은 사귐이 단술처럼 달콤하다고 하였습니다.

약 10년 전에 우리나라에서 별세하신 대천덕 신부님이 계십니다. 이분은 원래 미국 장로교 목사이었지만 성공회 신부 자격으로 한국에 와서 한국 사람과 함께 먹고 자고 본인이 노동을 하면서 45년간 선교를 하였습니다.

소년기도 일제시대에 평양에서 살았으므로 한국인과 함께 했던 시간은 더욱 더 많습니다. 그래서 한국인에 대하여 한국인보다 더 잘 아는 분이었습니다. 이는 한국 사람들과 같이 살면서도 또한 객관적 시각으로도 볼 수 있었기 때문이라고 생각합니다. 이분이 하신 말씀 중 기억나는 것이 한국 사람은 가족관계가 너무 끈끈하다는 것입니다.

마가복음 3장에서 우리 주 예수님께서 사람들에게 둘러싸여 가르치고 계실 때 예수님의 어머니와 형제들이 사람을 시켜서 예수님을 불러내고자 했습니다.

이때 예수님께서는 그 둘러앉은 사람들을 보시며 "누구든지 하나님의 뜻을 따라 사는 사람이 내 형제와 자매이며 어머니이다." 라고 말씀하셨는데,

이는 누구든지 하나님의 뜻을 거스르는 사람은 내 형제나 자매나 어머니가 아니라는 말씀도 되지 않겠습니까?

생각해보면 생각해볼수록 정말 단호하고 의미심장한 말씀입니다. 인간관계에서 하나님의 뜻은 바로 자기 가족부터 적용되어야 할 것입니다.

한국사회에는 가족을 위하여 하는 부정은 자연스럽고 당연하다는 생각까지 있는 것 같습니다. 신문에 종종 보도되는 각종 병역부정이나 허위 진단서 사건들도, TV방송의 수많은 드라마의 청춘 주인공들의 비극도, 교육현장의 많은 문제도 알고 보면 해당 본인들의 뒤에서 이 들을 너무 사랑하는 너무 끈끈한 가족들 때문에 만들어 지는 문제입니다.

| 대천덕 신부 |

1918년 출생, 2002년 84세로 별세, 1957년부터 45년동안 한국에서 선교사업을 하였다.

아버지도 중국에서 사역하신 선교사이었으므로 대천덕 신부는 어린 시절을 중국과 평양에서 보냈다.

8. 한국인이 부르는 찬송가 (1)

2015. 06. 01

　우리나라 찬송가는 처음 미국선교사들이 영어찬송시를 한국 말로 번역하여 찬송가를 만든 것이 기초가 되었고 그 후 약100 년 이상이 지나면서 찬송가가 몇 차례 개정되어 오늘에 이르고 있습니다.

　현재도 한국 교회에서 우리들이 부르는 찬송가 가사는 영어 가사를 번역한 것이 절반을 훨씬 넘고 있습니다. 하나님은 한 분 뿐이시고 또 모든 인류의 하나님이시므로 한국 사람과 미 국사람의 찬송가가 같은 것이 많은 것은 좋은 일이라고 생각합 니다. 국적에 관계없이 찬송가 가사를 지은 시인의 마음을 함 께 공유하는 것입니다.

　그런데 외국말로 된 가사 즉 영어 노랫말의 번역은 결코 쉬운 일은 아닐 것으로 생각합니다. 음표 숫자와 일치되는 음절을 가지며 한국인에게 친숙한 단어를 골라야 하면서도 원래 시인 의 뜻이 왜곡되어서는 안 될 것입니다.

　우리 찬송가 가사가운데 원래 시인이 평화(peace), 위로 (comfort), 기쁨(joy)이라고 한 것이 복(福)으로 번역되어 있 는 것은 정말 문제라고 생각합니다.

　예로서 몇 개만 소개하여 보면 "만복근원 예수시여"에서 이 가사의 원래 찬송 시는 모든 위로가 되신 주여(Spring of all comfort)입니다. 또 "모든 일을 주안에서 형통하게 하시네"에서 이 가사의 원래 찬송 시는 모든 일을 주안에서 기뻐하게 하시네(He makes all things pleasant) 입니다.

또 "주께 고함 없는 고로 복을 얻지 못하네."의 원래 가사는 "주께 고함 없는 고로 평화(peace) 얻지 못하네" 입니다.

"나 주께 왔으니 복 주시옵소서"의 원래 가사도 매 시간 주님이 필요하오니 주님에게 그냥 "가까이 있어 주세요"(Stay Thou nearby)라는 것입니다.

지난 19세기 말 이 땅에 개신교 찬송가가 처음 들어올 때 함께 발생한 복과 만사형통은 지난 100여 년 동안 수차례에 걸친 찬송가 개정 때마다 살아남아서 오늘도 큰 영향력을 발휘하고 있습니다.

9. 한국인이 부르는 찬송가 (2)

2015. 06. 08

오늘도 한국교회에서 잘 부르는 찬송가 중에 "주님 주실 화평 믿음 얻기 위해 너는 정성껏 기도 했나 주의 제단 앞에 모두 바치기 전 복을 받을 줄 생각 마라."는 찬송이 있습니다. 327장입니다.

이 가사를 듣다 보면 화평과 믿음과 복을 받기 위하여 철야기도를 얼마나 많이 해야 하고 헌금을 얼마나 많이 해야 할까 하는 고민을 하게 될 것 같습니다. 그러나 원래 가사를 원문에 충실하게 번역하여 보면 "주의 주실 화평 믿음 얻기 위해 너는 열심히 기도하나 네가 주께 굴복하지 않으면 쉼을 얻을 수도 없구나." 라는 의미입니다.

즉 주님의 뜻에 굴복할 것을 말하고자 함입니다. 우리가 주님의 뜻을 온전히 따르면 우리 마음이 쉼을 얻는다는 것입니다.

기도 열심히 하고 헌금 많이 하면 복 받는다는 의미가 아닙니다. 이 찬송의 후렴은 다음과 같습니다.

"주의 제단에 산제사 드린 후에 주 네 맘을 주장하여 주의 뜻을 따라 그와 동행하면 영생복락을 누리겠네." 원래 이 찬송시를 지은 호프만 목사의 "우리의 몸과 마음이 주님에게 굴복할 때에야 비로소 평화와 쉼을 가질 수 있다"는 말이 그대로 순수하게 전달된 번역은 아닙니다.

왜 우리 한국 사람은 평화와 쉼이라는 원래 시인의 말을 꼭 영생복락이라고만 번역을 해야 할까요. 물론 영생복락을 글자 그대로 따져 평화와 쉼보다도 훨씬 좋은 것이라고 변명할 수 있겠으나 이는 한국 전통적인 복(福)의 개념이 바탕에 깔려있다고 생각합니다. 제단의 제물이라는 것도 알고 보면 바로 자기 자신의 의지와 감정 전체입니다. 무슨 재산처럼 자기와 분리되어 바칠 수 있는 것이 아닙니다.

이 찬송시의 핵심은 신자가 예수님께 온전히 굴복할 때에, 우리영혼이 평화와 휴식을 얻는다는 것입니다. 그러나 현재 부르고 있는 찬송가 가사를 불러 보면 열심히 기도하고 모두 바쳐서 복을 받자는 말처럼 들립니다.

10. 기도에 대하여

제가 오래 전부터 잘 알고 지냈던 직장 후배가 지금은 미국에 이민 가서 살고 있습니다.

이 친구가 최근 편지를 보내왔는데, 그 곳에서 4년제 대학에 다니는 자기 둘째 아들이 성적이 떨어졌다는 것입니다. 1, 2학년 때는 성적이 좋았는데 3, 4학년이 되면서 성적이 떨어진다는 것입니다.

4년제 대학을 졸업하고 나서 의과대학에 가려고 하는데 성적 때문에 걱정이라는 것입니다. 그런데 더 큰 문제는 아들이 성적이 떨어지자 공부할 의욕마저 잃어버렸다는 것입니다.

그래서 이 친구가 하는 말이 하나님께 무릎 꿇고 기도해야 하겠다는 것입니다. 그리고 편지는 끝이 났습니다. 저는 이 친구가 앞으로 할 기도 내용이 궁금합니다. 틀림없이 아들의 의과대학 입학과 학교 성적을 위하여 기도하지 않을까 하는 생각입니다.

신자들이 곤경에 처했을 때에 가장 많이 듣는 격려의 말씀으로서 구하라 주실 것이요 라는 말과 예수님은 우리의 친구라는 말이 있습니다. 그러나 무슨 말이든지 말은 끝까지 들어보고 대답하라고 하지 않습니까? 말을 끝까지 들어 보라는 말은 물론 처음과 중간과 끝을 전부 들어보라는 말입니다.

위에서 소개한 우리가 종종 듣는 격려의 말씀도 성경에 있는 말이지만 그 말씀을 예수님께서 어떻게 하셨는가?

그 처음과 중간과 끝을 여기에 잠시 소개하여 봅니다.

예수님께서는 말씀하시기를 "만일 너희가 내 안에 살면서 내 말을 지키면 무엇이든지 원하는 대로 구하라. 그러면 그대로 이루어 질 것이다."라고 말씀하셨습니다. 요한복음 15장7절입니다.

그러니까 우리들은 원하는 것을 기도하기 전에 먼저 자신이 예수님 안에 살면서 예수님의 말씀을 그대로 지키면서 살고 있는가를 반성해봐야 합니다. 제가 위에서 소개한 미국 사는 후배는 우선 자기 가족끼리 서로 원망하면서 살고 있습니다. 그렇다면 일단 기도가 이루어 질 가망은 없다고 생각합니다.

또 예수님께서는 분명 너희는 나의 친구라고 말씀하셨지만 이 말씀을 전부 소개하면 "내가 명령하는 것을 너희가 실천하면 너희는 바로 내 친구이다."라고 하셨습니다.

요한복음 15장 14절입니다. 그러니까 예수님께서 명령하시는 것을 실천하지 않으면 일단 예수님과 친구가 될 생각도 포기해야 할 것입니다.

11. 영생, 영원한 생명

2015. 06. 22

　신구약 성경의 가장 대표적인 말씀이 요한복음 3장 16절입니다. 이 말씀은 가톨릭교와 개신교의 교주되시는 예수 그리스도께서 직접 하신 말씀입니다. "하나님이 세상을 이처럼 사랑하사 독생자를 주셨으니 이는 저를 믿는 자마다 멸망치 않고 영생을 얻게 하려 하심이니라." 생각할수록 한없이 감동적인 말씀입니다.

　그런데 우리가 살고 있는 세상은 너무나 많은 과대광고의 구호들과 수많은 시문학의 넘쳐나는 아름다운 표현들에 노출된 결과 사용되는 단어의 그 본래의 의미가 퇴색되어 버렸다는 것은 슬픈 일입니다. 그 결과 예수님의 말씀에 나오는 영생이라는 단어를 듣고도 별로 감흥이 없습니다.

　예를 들면 미국에는 현재 영원의 도시(eternal city) 라고 이름을 붙인 양로원들이 많이 있지만. 그 명칭에 대하여 사람들은 거부감을 갖지도 않습니다. 또 5천 년 전으로 추정되는 남녀유골이 발굴되면 5천년 동안 계속된 사랑이라는 표현을 멋있다고 생각합니다.

　그러나 예수 그리스도가 말한 영생이란 문자 그대로 영원한 생명을 말합니다. 무슨 문학적인 아름다운, 과장된 표현이 아닙니다. 지금 나의 이 몸이 죽어도 계속되는 영원한 생명입니다. 그래서 언젠가는 끝이 날 이 세상의 모든 고통을 이겨 낼 수 있는 희망이기도 합니다.

우리가 20년 내지 30년 정도의 노후를 준비한다고 이 애를 쓰면서 살고 있는데 영원한 생명을 얻기 위해서는 관심조차 없다는 것은 그야말로 실수 중 가장 큰 실수입니다.

물론 사람들은 영생이 싫어서가 아니라 그런 것이 어디 있겠는가?하는 생각이나 또는 오늘 살기도 어려운데 무슨 영원한 생명까지 내가 생각할 여유가 없다는 등 이른바 이성적인 이유가 있을 것입니다.

그러나 정말 중요한 이유는 예수라는 사람의 말을 어떻게 다 믿을 수가 있을까?

아니 예수가 정말 있기라도 하였던 실제 인물인가? 아니면 원수까지 사랑하라는 그 사랑의 정신을 본받으면 그것이 가장 고상하게 예수를 믿는 것이 아니겠는가? 하는 등의 생각일 것입니다. 그러나 이렇게 생각하는 사람들은 신약성경을 한 번이라도 찬찬히 읽어보시기 바랍니다.

신약성경은 약 열 명의 서로 다른 저자들이 예수 그리스도를 소개한 당시의 기록으로서 합하여 약 450페이지 정도의 분량입니다. 이 책을 읽으면서 우선 예수라는 사람이 믿을 만 한 사람인가 아닌가를 알아보시기 바랍니다. 저의 결론은 아무래도 예수는 믿을 만한 사람이라는 것입니다. 그의 입으로 한 말은 다 이루어 졌습니다. 그의 십자가의 죽음도, 그의 부활도 다 그가 말했던 대로 이루어 졌습니다. 그래서 그가 말 한 영생을 믿습니다.

12. 영생의 길

2015. 06. 29

요한복음 3장에는 니고데모라는 한 유대인이 밤에 예수그리스도를 찾아와서 면담한 기록이 나옵니다. 니고데모는 당시 유대인 의회 의원이었습니다.

이때 예수님께서는 자신이 앞으로 십자가위에 매달려 죽을 것을 암시하면서 자신을 믿는 사람은 영원한 생명을 얻을 것이라고 말씀하셨습니다. 그럼 여기에서 예수님 자신이 직접 말씀하신 자신을 믿으라는 말은 구체적으로 무슨 말일까요?

우선 그 당시에도 주민등록증이라는 것이 있었다고 생각해봅시다. 그럼 예수 그리스도의 주민 등록증을 보고서 당신이 이 주민등록증과 일치한 사람이라고 믿는 것이 예수를 믿는다는 말일까요?

사실 예수그리스도가 출생했을 때 당시 로마 황제 아우구스투스가 인구조사를 실시하였으니, 예수 그리스도도 현재와 같은 개인 신분증은 없었다고 해도 지역 주민 명부에 등록은 되어 있을 것으로 충분히 추측 할 수 있습니다. 그러나 니고데모가 예수 그리스도와 무슨 부동산 거래를 하기 위해 찾아온 것은 아니었을 것입니다. 니고데모에게 예수님이 자신을 믿으라고 하셨는데 이 말의 뜻은 자신이 분명히 로마 제국의 등록된 주민이므로 믿고 무슨 상거래를 하라는 뜻은 아니었을 것입니다.

그 분 자신이 분명히 그 후에 말하기를(요한 복음 8장 51절) "내가 분명히 너희에게 말한다. 누구든지 내 말을 지키면 영원히 죽지 않을 것이다" 즉 영생을 얻을 것이라고요.

그러니까 예수님이 자신을 믿으라는 말은 자신의 말을 지키라는 뜻이기도 합니다. 사실 제가 이렇게 애써 설명할 필요도 없습니다. 우리들도 어느 친구에게 그 친구가 필요한 좋은 상품을 소개하였는데도 다른 사람에게 속아서 불량상품을 사는 것을 보면 "저 친구는 내 말을 믿지 않았구나" 라고 말합니다. 또 "저 친구는 내 말은 전혀 듣지를 않는구나." 라고도 말합니다.

예수님께서는 자신에 대하여 전혀 과대광고를 하지 않으셨습니다. 현학적 단어나 미사여구를 구사하신 것도 아니었습니다.

자신을 믿으면 영원한 생명을 얻는다는 말씀은 자신의 말을 지키면 영원한 생명을 얻는다는 말입니다. 자신의 말을 믿고 그대로 실천하여 살면 영원한 생명을 얻는 다는 뜻입니다. 스포츠용품 판매 상점에서 팔고 있는 운동기구를 알고 있다고 해서 몸이 튼튼해지는 것은 전혀 아닙니다. 그 운동기구로서 매일 운동을 할 때에 비로소 몸이 튼튼해집니다.

행함이 따르지 않는 정신세계에서 일어나는 의식을 믿음이라고 생각하는 사람들에게 "믿기만 하면 구원받는다. 믿기만 하면 영생복락 얻는다." 즉 "믿음만이! 믿음만이!" 하면서 전도하는 것은 예수가 말한 믿음의 속성 즉 행동을 동반하는 믿음을 오도합니다. 누구나 운동기구가 있기만 하면 바로 몸짱이 될 것같이 광고하는 상인들의 선전과 같습니다.

13. 예수님 이름으로 기도 드립니다. (기업카드)

2015. 07. 06

신자들이 기도할 때마다 끝맺는 말이 예수님 이름으로 기도 드린다는 것입니다.

이는 예수님 자신이 제자들에게 "너희가 내 이름으로 구하면 받을 것이다" (요한복음 16장23절)라고 말씀하셨기 때문입니다.

"예수님 이름으로" 이 말의 의미를 생각해볼수록 주 예수님께서는 정말 머리가 좋으신 분이십니다. 하나님께 기도할 때 마다 자신의 이름으로 기도를 드리라고 했으니 우리는 예수님을 떠나서는 하나님께 기도조차 할 수도 없다는 사실을 일깨워 주는 말입니다. 아무리 하나님께서 사랑이 많으신 분이라고해도 자신을 떠나서는 접근할 수도 없다는 것 아니겠습니까.

예수님을 따르는 사람은 하나님 앞에서만 아니고 사람들 앞에서도 예수님 이름으로 나아갑니다. 사도행전 3장에는 베드로와 요한이 40세 정도 된 선천성 앉은뱅이를 걷고 뛰어다니게 한 사건이 소개되어 있습니다.

이때도 베드로가 그 앉은뱅이에게 한 말은 "은과 금은 내게 없지만 내가 가진 것을 너에게 준다. 나사렛 예수 그리스도의 이름으로 걸어라!"고 한 것이었습니다.

베드로는 금과 은은 없으니 줄 수가 없고 자기가 줄 수 있는 것은 예수 그리스도 이름밖에 없다는 것입니다.

"예수 이름으로" 이 말은 그 말하는 사람이 예수의 보내심을 받았다는 말입니다.

그래서 앉은뱅이가 일어나자 베드로는 사람들이 오해하지 않도록 또 분명하게 설명을 합니다. 자기 즉 베드로의 능력과 신앙으로 앉은뱅이가 걷게 된 것이 아니고, 이 사람이 예수의 이름을, 즉 예수를, 영접함으로 낫게 되었다고요.

은행 신용카드 중에서 기업카드가 있습니다. 그 기업카드를 쓰는 사람은 그 기업의 이름으로 무슨 물건이든지 구매를 합니다. 당연히 회사에서는 회사를 위하고 아끼는 간부사원들에게만 기업카드를 제공합니다.

예수님께서 우리들이 하나님께 기도할 때 자기 이름으로 하라는 말씀은 자신의 이름으로 된 기업카드를 사랑하는 그 신자에게 주셨다는 말입니다.

하나님의 아들이신 예수이름으로 기도할 수 있다는 것은 특권 중의 특권입니다. 우리는 기도 할 때 마다 이 사실을 기억하면서 감격해야 할 것입니다.

14. 아나니아와 삽비라

2015. 07. 13

교회에 땅을 팔아 거금을 바치고서도 벌을 받아 졸지에 죽음을 맞이한 부부가 있습니다. 사도행전 5장에 등장하는 초대교회의 아나니아와 삽비라 부부입니다.

생각해 보면 정말 같은 인간으로서 마음 아픈 이야기입니다.

이들 부부가 차라리 아무 재산이 없었다면, 헌금할 돈도 아예 없었을 터이고, 그렇다면 교회에서 구제를 받아가면서 평안하게 살지 않았겠습니까? 이들 부부가 어떻게 해서 땅 부자가 되었는지는 모르지만 돈을 버는 것보다 쓰는 것은 더 어렵다는 말이 생각납니다.

당시 초대교회 분위기를 보면 믿는 사람들이 모두 한마음이 되어 아무도 자기 재산을 제 것이라고 하지 않고, 땅이나 집을 가진 사람들이 모두 팔아 그 돈을 사도들에게 가져오면 필요한 사람들이 나누어 썼습니다.

키프러스 사람 바나바도 땅 판 돈을 가져왔다고 기록된 것을 보면 땅값을 헌금한 사람은 필시 신자들에게 칭찬을 받았으리라고 생각합니다. 아나니아와 삽비라의 비극은 그들이 이 칭찬에 정신을 빼앗긴 것입니다.

땅을 10억원에 팔았다면 3억만 헌금해도 되고, 1억만 해도 좋았을 것입니다. 사실 땅을 팔지 안 했어도 좋았습니다. 그런데 이들 부부는 땅 판 돈 전부를 가져왔다고 말한 것이 문제였습니다. 땅 판 돈 일부를 전부라고 발표한 것이 문제였습니다. 헌금보다도 칭송 받는 것이 목적이었기 때문입니다.

바나바처럼 땅 판 돈을 바쳤다고 남에게 인정받고 싶었습니다. 이들 부부는 일부이긴 하지만 땅 판 돈을 바쳤으니 헌금 액수로만 본다면 보통 사람들 보다는 더 큰 돈이었으리라고 생각합니다. 그러나 헌금하는 그 마음의 동기가 마음을 보시는 하나님께 칭찬받고자 함이 아니고 헌금의 금액만 아는 사람들의 칭찬에 있었습니다.

사도행전에 소개되는 초대교회는 가장 이상적인 신앙공동체라고 말합니다. 이 이상적인 교회에서 가장 먼저 발생한 타락은 사람들에게 인정받고 싶어 하는 천박한 명예심이었습니다. 남에게 칭찬받는 것은 물론 좋은 일이나 그 것이 행동의 동기가 되고 목적이 되면 사탄의 시험에 이미 빠진 것입니다. 남녀 불륜이나 돈에 대한 욕심보다 더 경계해야 할 것이 아마도 자기 이름을 날리고 싶은 명예심이라는 욕망인가 봅니다.

15. 속아 사는 인생

2015.07.20

우리나라 성인들이 모두 한번쯤은 들어봤으리라고 생각한 대중가요 중에 "홍도야 울지 마라"가 있습니다.

일제 치하인 1936년도에 처음 발표되어 이른바 공전의 히트작이 된 연극 "사랑에 속고 돈에 울고"에 등장한 인물들을 배경으로 만들어진 노래입니다.

"사랑에 속고 돈에 울고"라는 이 연극에 당시 한국 사람들은 지위고하를 막론하고 감격하여 관객이 몰려서 극장 유리창이 깨지고 주변 교통이 마비될 정도였다고 합니다. 그런데 생각해보면 어디 남자나 여자나 사랑에만 속겠습니까?

속아서 잘못 취업하였다거나, 속아서 땅을 샀다거나, 심지어는 정부 발표에 속았다든지, 등등 속았다는 말은 그때나 지금이나 우리 일상생활에서 흔히 듣는 말입니다. 오죽하면 속아 사는 인생이라는 말도 있지 않겠습니까.

그래서 "세상에 믿을 사람 없다"는 말에 동감하다가 종국에는 "믿을 사람은 나밖에 없다" 즉 자기 자신만 믿고 살아야 한다는 말이 결론이 되기도 합니다. 그러나 실은 우리가 가장 크게 속는 것은 믿을 사람은 나밖에 없다는 바로 이 말이라고 생각합니다.

속았다는 말은 최소한 속기 전까지는 믿었다는 것입니다. 그래서 크게 속았다는 말은 오래 동안 믿어 왔다는 뜻도 되지 않겠습니까? 자기가 속았다는 것을 결국 깨닫지 못하고 세상을 떠나는 경우도 있습니다.

우리가 항상 자기 것이라고 믿었는데 그 믿었던 것이 막상 자기 것이 아닌 것을 깨닫고 당황하는 것 가운데 가장 충격적인 것이 바로 자기 생명이 아닐까요?

믿을 사람은 나밖에 없다는 이 말은 내 생명은 내 것이라는 것이 전제가 될 때에 옳은 말입니다.

사람들은 최소한 자기 삶, 자기 생명만큼은 자기 것으로 알고 살아가는데 정말 이것이야 말로 가장 크게 속는 것이라고 생각합니다. 자기 생명은 결코 자기 마음대로 할 수가 없습니다.

목숨뿐 아니라 자기 머리카락 하나도 지킬 수 없는 것이 우리 사람입니다.

단지 이 사실을 몰라서 태평하게 살아가고 있을 뿐입니다. 그래서 이것이야 말로 사람이 가장 크게 속는 것이라고 생각합니다.

16. 예수 그리스도

2015. 07. 27

우리나라에서 초등학교와 중학교까지만 다녔어도 예수 그리스도라는 사람을 세계사에서 배워 알고 있을 것입니다.

세계 4대 성인 중 한 사람으로서 약 2천 년 전 고대 로마 시대때 십자가에서 처형받아 죽었던 사람입니다. 그런데 지금 전세계가 연도로 쓰고 있는 서기 2015년이라는 것이 이 사람 예수 그리스도의 출생을 기점으로 하고 있는 것을 보면 분명 대단한 영향력을 가진 사람임에는 틀림없는 가 봅니다.

현재 세계에서 가장 관광객이 많이 찾는 나라가 스페인인데 스페인의 관광명소라는 것이 거의가 유럽 중세 때부터 건축된 큰 성당 건물이고 그 내부에는 예수 그리스도의 성화나 조각품이 있습니다. 우리가 살고 있는 대한민국에서도 가장 많은 간판이 미용실과 커피숍과 함께 교회당 간판이라고 합니다. 그러니까 예수 그리스도는 우리나라 국민도 거의 모두가 다 알고 있는 사람이라고 하겠습니다.

이렇게 이미 이름이나마 알고 있는 예수 그리스도를 전문적으로 소개하는 책이 성경책인데 한국 국민들 중 또한 성경책을 아직까지 구경하지 못한 사람도 없을 것입니다. 서점에 진열된 것도 보았을 것이고 교회 다니는 사람들이 들고 다니는 것도 보았을 것입니다.

심지어는 이 책을 선물로 받은 사람도 상당히 많을 것으로 믿습니다. 그래서 예수 그리스도는 한국 사람에게 가장 진부한 이름이 되었다고 생각합니다. 진부하다는 말의 뜻은 새로운 것이 전혀 없다는 것입니다. 즉 더 이상 알아 볼 필요가 없다는 것입니다.

그러나 사람은 참으로 여러 면이 있습니다. 저는 결혼생활을 만 42년간 했습니다. 그럼에도 불구하고 지금도 제 아내에게서 지금까지 몰랐던 새로운 점을 발견합니다.

그래서 제가 청취자 여러분들께 노파심으로 하는 말인지 모르지만, 예수 그리스도를 다시 한번 소개드리고 싶습니다. 시간관계상 최고로 요약하여 소개하여보겠습니다.

그 사람 예수는 하나님의 아들이 이 땅에 오신 분이고 분명 십자가 처형으로 죽으셨지만 부활하여서 지금도 우리 옆에 계신다는 것입니다. 그리고 그 분은 자기를 찾아오는 자를 박대하지 않는다는 것입니다.

17. 하나는 알고 둘은 모른다.

하나는 알고 둘은 모른다는 속담이 있습니다.

자기 눈앞의 것만 볼 줄 알고 좀 더 멀리 있는 것은 보지 못하는 사람, 당장 자기 앞의 이익은 챙길 줄 아는데 그 뒤에 어떻게 손해를 당할 것인가를 모르는 사람들을 가리키는 속담입니다. 그러니까 이 말은 결코 누구를 칭찬할 때 쓰는 말이 아닙니다.

그런데 이 속담에 해당되는 사람들을 살펴보면 앞일을 모르고 답답한 면 이외에 또 하나의 특성이 있는 것을 발견합니다.

즉 상당히 자신만만한 경향을 보인다는 것입니다. 자신이 알고 있는 하나로서 만족한 나머지 남의 말은 아예 들을 생각조차도 하지 않습니다.

사실 생각해보면 남이 모르는 것 하나라도 알고 있으니 그 하나를 모르는 사람보다는 그 점에서 분명 더 잘난 것임에는 틀림없습니다. 그런데 그 하나 때문에 자신이 모든 것을 아는 것으로 착각하고 더 이상 알아 볼 생각을 하지 않는다는 것이 큰 문제입니다.

이웃의 충고나 조언이 다 필요가 없습니다. 차라리 하나도 모르는 사람은 자신이 무식하다고 생각하기 때문에 마음이 겸손하여 이웃의 조언을 받아 발전을 하게 되는 것을 보면, 이 속담

48 __ 70이 되어 든 생각들

말을 조금 바꾸어 "하나만 아는 사람은 하나도 모르는 사람보다 불쌍하다." 라고 할 수 있겠습니다.

　마태복음 13장 끝부분에는 예수님께서 고향에서 배척 받은 기록이 있습니다. 고향사람들이 배척한 이유는 바로 그들이 예수를 잘 알고 있다고 생각하였기 때문입니다. 즉 그들은 예수가 목수의 아들이고, 예수 자신도 목수 일을 하였다는 것 뿐 아니라 예수의 동생들 이름까지 전부 다 알고 있을 정도이었습니다.

　유대의 다른 지역 사람들처럼 예수의 이적과 가르침을 소문으로만 들었다면 이분이 누구일까 하고 알아보고 싶은 마음이라도 가질 터인데, 뻔히 잘 아는 사람이었으므로 도대체 당신이 언제 어디서 무엇을 배웠다고 우리를 가르치려고 하느냐고 하면서 배척하여 버렸습니다.

　그래서 그 고향사람들은 자기 마을까지 오신 하나님의 아들을, 영원한 생명과 평화를 주실 수 있는 분을 배척하여 버렸습니다. 참으로 하나는 알고 둘은 모르는 사람의 전형이었습니다.

18. 대화를 원하시는 창조주

2015. 08. 10

 숲속의 자연 상태에서 살고 있는 동물들은 사람처럼 하루에 꼭 세 번씩 식사하는 것은 아닌 가 봅니다.

 우선 누구나 즐겨 보는 TV 방송 동물의 왕국에서 보면 사자 호랑이 등은 한번 사냥을 하면 배불리 먹고서 며칠씩 먹지 않고 지냅니다. 옛날이나 지금이나 사람만이 하루 세 번씩 정해진 식사 때가 있는 가 봅니다.

 저는 창조주 하나님께서 처음 각종 짐승들과 사람을 창조하실 때 왜 그렇게 식사 횟수를 조정 하셨는가를 생각해 보았습니다. 전능하신 조물주이시니까 사람도 일주일에 한 번 아니면 한 달에 한 번 씩만 먹도록 인체 생리를 그렇게 세팅을 해두셨다면 어떻게 되었을까요?

 우선 우리가 하루에 세 번씩 드리는 식사 감사기도는 일주일에 한 번, 아니면 한 달에 한 번씩 하게 될 것입니다. 아마 하나님께서는 사람과 하루에 최소 세 번씩은 대화를 하고 싶으셔서 사람의 위장을 그렇게 창조하셨다고 생각합니다.

 우리가 대화를 할 때, 즉 말을 할 때 꼭 필요한 우리 몸의 장기가 혀입니다. 이 혀는 해부학적으로 골격근의 하나입니다.

 팔다리의 근육처럼 우리 의지대로 움직일 수 있어서 무슨 말이든지 자기가 원하는 대로 말 할 수가 있습니다. 그래서 고대

에는 왕에게 거슬리는 말을 하는 사람은 혀를 자르는 무서운 형벌도 있었다고 합니다.

또 자유가 아니면 죽음을 달라는 유명한 문구가 있는데,

자유 중 첫 번째가 언론의 자유, 즉 자기의 의사를 말로 표현할 수 있는 자유입니다. 말하는 자유는 정치인들에게만 필요한 것이 아닙니다. 보통사람들도 사랑하는 사람과 서로 말을 해야 합니다. 이렇게 혀의 동작이 인간에게 정말, 정말, 필요하므로 하나님께서는 혀라는 골격근은 피곤을 모르게 만드신 모양입니다.

무슨 말이냐고요? 팔다리 근육은 물건을 들거나 걷거나 조금만 운동을 하여도 피곤해지지만 혀는 아무리 말을 많이 해도 피곤하지 않습니다. 말을 많이 하면 단지 목이 마르고 턱이 아플 뿐입니다. 각 장기를 만드신 조물주 하나님께서 우리 혀를 이렇게 만드신 것을 보면 이 또한 하나님께서 우리들과 얼마나 대화를 원하시는가를 짐작할 수 있지 않겠습니까?

19. 잠자는 것

2015. 08. 17

열대야로 시달리며 잠을 설친 날들도 벌써 지나가고, 아침, 저녁으로 서늘한 바람이 반갑습니다. 저는 여름이 물러가면 가장 좋은 것이 잠을 자기에 좋다는 것입니다.

한창 더운 여름밤에는 베개를 들고서 침실과 거실을 왔다 갔다 하면서 헤매는 것이 일종의 고통입니다. 가족들이 모두 잠을 자고 있는데 나 혼자서만 잠을 못 자겠다고 TV를 켜고 무슨 영화를 볼 수도 없습니다.

지혜의 왕 솔로몬이 구약성경 시편에서 노래한 가사에는 "하나님께서는 자기가 사랑하는 자에게 잠을 주신다."는 구절이 있는데 이 대목이 정말 마음에 와 닿습니다.

그래서 가을이 되면 우선 몇 시간이나마 시원한 온도에서 잠을 편하게 잘 수 있다는 것 때문에 하나님께 감사하지 않을 수가 없습니다.

솔로몬 왕의 아버지 다윗 왕도 그가 곤경에 처하여 있을 때 자신이 평안하게 누워 잘 수 있다는 사실로 하나님께 감사하는 노래를 지었습니다.

우리나라가 현재 부유층과 빈곤층의 양극화가 문제라고 하나 부자나 가난한 사람이나 똑 같이 잠을 잘 수 있다는 것이 얼마나 다행인지 모릅니다. 잠을 자는 동안에는 부자도 자신이 부자라는 것을 모를 것이고 가난한 자도 자신이 가난하다는 것을 모를 것입니다.

어쩌면 가난한 사람이 더 단 잠을 잘지도 모릅니다.

지금 출산율 감소가 국가적으로 중대 사안이 되고 있는데, 출산율 감소는 결혼적령기의 청년들이 결혼을 미루고 있는 것이 중요한 이유 중 하나입니다. 제가 만나는 결혼 적령기의 남녀 청년들에게 가장 많이 듣는 말이 "잠 잘 집이나 있어야 결혼을 할 수 있지 않겠습니까?" 라는 호소입니다. 그러나 이렇게 말하는 젊은이들도 사실 길바닥에서 밤을 새고 있지는 않으리라고 믿습니다. 누구 집이 되었던지 방에 누워서 잠을 잘 것으로 믿습니다.

혼자 누워서 잠을 잘 수 있는 방이라면 아마도 그 방에서 둘이서도 잠을 잘 수 있으리라고 믿습니다.

더도 아니고 덜도 아니고 단지 잠만 잘 수 있다면 하나님께 감사할 수도 있고 그 감사한 마음으로 무엇이나 할 수 있으리라고 믿습니다.

20. 가화만사성을 위하여

2015. 08. 24

 한국 사람의 집에서 가장 많이 있는 가훈이 "가화만사성"입니다. 집안이 화목하면 모든 일을 이룬다는 뜻이지만 이 말을 뒤집어 생각해보면 만 가지 일을 이루는 것 보다 더 어려운 것이 가화라고도 말할 수 있지 않겠습니까?

 최근에는 서울의 가장 높은 빌딩과 최고급 호텔들을 비롯하여 수십 개의 기업을 성공적으로 유지하면서도 집안화목은 실패한 분이 뉴스를 장식하기도 했지만, 오늘날 세계적인 관광명소가 되어있는 아름다운 궁전들도 정작 그 궁전들을 건축하였던 제왕들은 집안싸움으로 슬픈 최후를 마친 예가 수없이 많은 것을 보면 만 가지 일을 성사시키는 것 보다 더 어려운 것이 가정화목을 유지하는 것인가 봅니다.

 재벌가문이나 왕족들의 집안사정은 신문과 역사책에 나와서 남들도 알게 된 것 뿐이고 우리 같은 보통사람들의 사정도 비록 신문 보도는 되지 않지만, "부부싸움 안 해본 사람이 어디 있겠는가" 하는 한마디 말로 요약할 수 있겠습니다. 이는 교회 다닌다고 하는 신자들도 마찬가지여서 "진짜 신자는 가족이 인정하는 신자" 라고 합니다.

 가족이 인정하는 신자, 즉 진짜 신자가 되기 위하여 신자들이 가장 많이 언급하는 "주 안에서 산다."는 말을 다시 생각해 봅니다. 주 예수님 안에 산다는 말은 모든 것이 주 예수님 밖에 있어야 한다는 뜻입니다. 즉 남편도 아내도 자녀도 부모도 모두 주 예수님을 지나서 있다는 것입니다.

사도 바울이 로마서 13장 14절에서 "주 예수 그리스도로 옷 입어라"고 한 말은 정말 훌륭한 표현입니다. 우리들은 외부 사람을 만나려 나갈 때에는 정장을 차려 입고 실수 하지 않으려고 주의를 하지만 가족끼리 있는 집안에서는 좋은 옷도 다 벗어 던지고 파자마만 걸치거나 때로 맨몸으로 마음대로 행동합니다.

그러나 어느 장소에서 누구를 만나든지, 누구와 같이 있던지, 항상 입고 있어야 할 옷은 예수 그리스도라는 것입니다. 가족들이 아무리 마음에 맞지 않아도 남편으로, 아내로, 아버지로, 어머니로 나타나기 전에 주님 되신 예수 그리스도로 나타나야 합니다. 이는 예수 그리스도로 옷을 입고 있기 때문입니다.

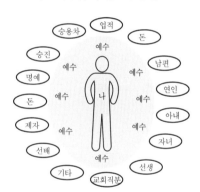

(그림참조)

섬김을 받으러 온 것이 아니라 섬기러 이 세상에 오신 예수 그리스도의 옷을 항상 입고 있어야 합니다(마가복음 10장 45절). 이 옷을 입고서 바로 가까운 가족부터 먼 곳에 있는 사람까지 모든 사람을 상대해야 합니다. 이것이 가화의 확실한 방법입니다.

21. 자유

2015. 08. 81

제가 직장생활을 하는 동안 직장 선,후배들에게나 출장길에 만나는 사람들에게 전도를 해보면 흔히 듣는 말이 교회를 다니면 속박되고 자유가 없어지니까 현직에서 은퇴한 후에 편한 마음으로 교회를 다니겠다는 사람들이 꽤 많이 있었습니다. 전혀 틀린 말은 아니라고 생각합니다.

우선 금주 금연과 함께 일요일마다 교회당에 출석하는 것도 부담스럽지만, 알고 지내는 사람들 중 교회 집사나 장로들이 교회활동에 여러 가지로 매여 있는 것을 보기 때문일 것입니다. 사실 제가 만났던 어떤 여성교인은 교회직분에 충성하기 위하여 직장을 그만 두었다고도 하였습니다. 성인은 각자 가치관에 따라 자기시간을 사용할 것이므로 교회 모임에 얼마나 참여를 해야 할 것인가에 대하여 무슨 조례 같은 것을 정할 수는 없다고 생각합니다.

단지 어디에나 구속받는 것을 싫어하는 분들에게 예수 그리스도의 말씀 중 꼭 하나 소개하고 싶은 것이 있습니다. 예수님께서는 요한복음 8장에서 진리를 알게 되면 우리가 자유를 얻을 것이라고 직접 말씀하셨습니다. 사도 바울도 그리스도께서 우리를 해방시켜 자유의 몸이 되게 하셨으니 다시는 종의 멍에를 매지 말라고 하였습니다.

예수 믿는 신자가 되면 여러 가지 제약과 의무사항과 봉사활동으로 바쁘고 피곤하다고 하지만, 신약성경을 읽어보면 의외라 할 만큼 자유라는 단어가 많이 나옵니다. 믿음의 실천을 많이 강조한 야고보서에도 자유를 주는 그리스도의 법을 되풀이하여 소개하고 있습니다.

일반적으로 법이라고 하면 무슨 행동을 제약하고 의무를 부여합니다. 그러나 그리스도의 법은 정반대로 우리를 자유케 합니다. 우리는 예수님의 법대로만 살면 정말 자유를 얻게 됩니다. 교인들이 어느 때든지 자신의 마음이 속박감을 느낀다면 내가 누구의 법을 따르고 있는가를 반성해볼 필요가 있습니다.

예수를 진실로 믿게 되면 멸망하지 않고 영원한 생명을 얻게 될 뿐 아니라 자유를 얻습니다. 신자가 이 세상에서 향유할 수 있는 것 중 가장 좋은 것은 바로 어떠한 환경과 조건에서도 자유를 얻어 자유롭게 살 수 있다는 것입니다.

22. 노년

여러분 안녕하십니까?

지금은 오후 4시경이 되었으니까 한 낮이 지나고 그림자가 점점 길어집니다. 조금 있으면 저녁노을이 서쪽 하늘에 나타나고 해가 서산으로 넘어가면 어두움이 시작하고 밤이 됩니다.

저녁이 올 것을 생각해보니 우리 한국 사람들이 즐겨 부르는 노래 현제명 작사 작곡의 고향생각이 생각납니다. "해는 져서 어두운데 찾아오는 사람 없어 밝은 달만 쳐다보니 외롭기 한이 없다. 내 동무 어디 두고 이 홀로 앉아서 이일 저 일을 생각하니 눈물만 흐른다." 는 노래입니다. 이 노래는 처음에 동요로 발표되었는데 성인들도 즐겨 부르는 한국의 대표적 가요가되었습니다.

생각해보면 일 년 중 가을이 찾아오는 것도, 하루 중 어두움이 찾아오는 것도, 인생 중 노년이 찾아오는 것도 갑작스럽게 나타나지 않고 조금씩, 조금씩 찾아온다는 것이 참 다행입니다.

가을이나 밤이나 노년이 이렇게 서서히 다가오는 것은 우주와 인간을 창조하신 하나님의 사랑이라고 생각합니다. 만약 오후 4시 까지는 환하였는데 갑자기 4시 1분부터 캄캄해져 버린다면 얼마나 긴장되고 당황하겠습니까? 그러나 점점 그림자가 길어지고 저녁노을을 지나서 어두움이 덮으니까 우리들은 그때, 그때 시간에 맞추어 하루를 끝낼 준비를 할 수가 있지 않겠습니까?

우리 몸도 나이가 들어가면 눈가의 얼굴에 잔주름이 생겨나고, 그 잔 주름이 점점 깊어지고. 그 뿐 아니라 검버섯도, 백발도, 먹어야 할 약도, 병원에 가서 의사를 만나는 시간도 점점 늘어만 갑니다.

이렇게 노년의 증상이 분명하긴 하지만 점차로 나타나는 것은 인생을 끝낼 준비를 하라는 하나님의 사랑의 메시지라고 생각합니다. 갑작스러운 종말을 맞이하여 당황하지 말라고요.

졸업을 앞 둔 대학4년 학생에게 가장 중요한 것이 있다면 졸업 후 근무하게 될 회사의 사장님과 일대 일 개인 면담 시간을 가져 보는 것이겠지요.

만약 그러한 기회가 주어만 진다면요. 우리들 사람은 노년의 시기가 되면 창조주 하나님을 꼭 만나봐야 할 것 같습니다.

그래서 노년의 시기가 일생 중 가장 중요한 시기라고 생각합니다. 창조주 하나님을 만나보기 위하여 꼭 필요한 것이 성경을 읽어 보는 것입니다.

23. 성경이 된 편지들

2015.09.14

신약성경은 예수 그리스도의 말씀과 행동을 기록한 예수 그리스도에 대한 보고서가 네 권의 책으로 첫 부분에 나와 있고 (마태, 마가, 누가, 요한의 사복음) 그 뒷부분은 마지막 한 권의 예언서를 빼고서는 모두가 예수 그리스도를 알게 되었던 사람들이 각각 자신의 지인들에게 보낸 편지들을 모아 둔 것입니다.

즉 고린도전서라고 하면 사도 바울이 지금의 그리스 고린도 지역의 지인들에게 보낸 첫 번 편지라는 것이고 에베소서라고 하면 지금의 터키의 에베소에 사는 지인들에게 보낸 편지를 말합니다.

이렇게 구성된 신약 성경을 전부 합하면 약 450페이지 정도 되는 분량입니다. 그러니까 이 번 가을에 마음만 먹으면 충분히 한 번 읽어 볼 수 있는 책입니다. 이 중 편지를 가장 많이 쓴 사람이 사도 바울인데 그는 자신이 예수 그리스도를 만나 본 후에 너무나 감격하고 기뻐서 예수 그리스도를 다른 사람들에게 소개하지 않고서는 견딜 수가 없었습니다. 당시 여러 사람들의 시기와 질투 그리고 오해로 자신은 범법자가 되어 쫓기거나 감옥에 갇히고 쇠사슬에 묶이는 신세가 되었지만 이러한 고난이 그의 마음속에 있는 넘치는 평화와 기쁨을 뺏어 갈 수가 없었습니다.

그래서 로마 총독의 법정에서 죄수로서 재판을 받을 때도 자기처럼 묶이는 것 외에는 법정에 있는 모든 사람들이 자기같이 되기를 바란다고 말했습니다.

도대체 무엇이 사도 바울을 그처럼 혹독한 고난 중에도 매일 기쁨과 평화를 전하면서 살게 하였는가, 그 이유를 알아보고 싶다면 그가 자기의 속마음을 글로써 지인들에게 보냈던 그의 편지들을 직접 읽어 보는 것이 가장 좋습니다. 신약 성경에는 사도 바울의 편지들만 있는 것이 아니고 베드로 사도와 요한 사도의 편지도 있습니다.

우리들이 어떤 사람의 속마음을 알고 싶다면, 그 사람이 자신의 사랑하는 친구들에게 자기 속마음을 진솔하게 털어놓은 편지를 직접 읽어보는 것이 가장 좋지 않겠습니까? 만약 구할수만 있다면 말이지요. 그 귀한 편지들이 신약 성경의 일부분이 되어서 지금 우리들이 바로 읽어 볼 수 있습니다. 꼭 읽어 보시기를 바랍니다.

24. 교제의 대상 예수 그리스도

2015. 09. 21

제가 불신자에게 전도를 할 때에 흔히 듣는 이야기는, 하나는 교회가 문제가 많아 마음에 들지 않는다는 것이고 다른 하나는 기독교만 종교냐 하는 것입니다. 국내에 현재 개신교회 교회당이 약10만개에 이르고 있다고 하니까 이는 현재의 한국 의사 수와 비슷한 숫자입니다.

교회나 병의원은 생명이 있는 사람들에게 필요한 존재이나 둘 다 국민들에게 사랑과 지지를 별로 받지 못하고 있는 것이 현실인가 봅니다.

그러나 생각해보면 우리들 각자의 집에도 마음에 맞지 않는 구석도 있고, 청소가 되지 않은 방도 있고 때로는 이사 가고 싶은 마음도 생기지 않습니까? 그러니까 교회나 병의원에서 때로 속상한 일이 있다고 해도 그냥 봐주고 넘어가는 마음도 필요하지 않을까 하는 생각입니다.

기독교만 종교냐고 하면서 전도를 받아들이지 않는 사람들의 말도 맞기는 맞습니다. 사실 제가 방금도 전도라고 말했지만, 전도라는 말 자체가 도(道) 즉 길을 전한다는 뜻이고 각 종교마다 추구하는 길이 있을 것입니다. 여기에서 길 이라는 말은 당연히 무슨 골목길이나 고속도로를 말하는 것이 아니고 사람이 마땅히 행하여야 할 바른 길을 말하지 않겠습니까?

그래서 모든 종교는 착하게 바르게 사는 길을 보여주고 있는데 왜 기독교만 믿어야 하겠냐고 반문하는 것은 일리가 있기는 합니다. 기독교도 물론 착하게 바르게 사는 방법을 가르치고 있다는 것은 마찬가지입니다.

그러나 사실 전도라는 말, 즉 도리를 전파한다는 말은 기독교 신앙의 핵심을 생각해 보면 상당히 어색한 용어입니다.

하나님께서 우리들을 불러주시는 목적은 그의 아들 예수 그리스도와 교제를 해 보라고 하심입니다. 하나님의 아들과 교제 한다는 것은 착하게 사는 것과는 차원이 다릅니다.

자기 아버지가 아무리 훌륭한 국가의 지도자이고 위대한 사상가이지만 그 사상을 배우고 따라가는 것 보다 더 좋은 것은 아버지와 같이 교제하고 함께 먹고 함께 놀고 지내는 것이 아니겠습니까?

사도 바울이 당시 고린도 지역에 있는 성도들에게 쓴 편지인 신약성경 고린도전서 1장 9절에 나와 있는 그가 한 말을 소개합니다. "여러분을 불러 그의 아들 우리 주 예수 그리스도와 교제하게 하시는 하나님은 신실하신 분이십니다."

생각해보세요. 신(神)이신 하나님의 아들이신 예수 그리스도와 교제를 하다니 얼마나 가슴 벅차는 일입니까.

25. 화목제물 예수 그리스도

2015. 09. 26

저는 거의 60년을 교회에 다니다가 처음으로 제 눈에 들어온 성경말씀이 있었습니다. 바로 구약 레위기의 각종 제사 규칙이었습니다. 그 동안 예수 그리스도가 인류의 죄를 대속하여 주셨다는 설교는 수없이 들었습니다.

즉 우리들의 죄를 모두 짊어지시고 속죄제물이 되어주셨고, 하나님과 우리 인간들의 관계를 회복시켜주는 화목제물이 되어주셨기에 우리들은 값없이 죄 사함과 구원을 얻게 되었다는 것입니다. 그런데 값없이 라는 말은 무료라는 말이고 무료라는 말은 공짜라는 말이 아니겠습니까. 아버지가 주신 시계도 공짜이고 길에서 주운 시계도 공짜인데 이 두 시계가 분명 공짜라고 해서 그 의미가 같을까요?

레위기 서에 나오는 그 제물, 즉 속죄제물이나 화목제물은 모두 번제물이었습니다. 번제에서 번(燔)은 굽는다는 뜻으로 불 위에서 짐승의 몸이 태워지고 연기가 올라가는 것을 말합니다. 그런데 저는약시대 때 이러한 제사를 드리는 일은 이스라엘 백성 중 레위 족속 제사장이 전담하였다고 알고 있었습니다.

그러나 실제 그 제사과정을 구체적으로 설명한 레위기를 읽으면서 깜짝 놀란 사실은 짐승을 잡는 사람, 즉 짐승을 죽여야 하는 사람은 레위 족속 제사장이 아니고 이스라엘 백성 중 누구라도 제물을 바쳐야 할 개인 그 사람 자신이었습니다. 그 사람이 먼저 짐승의 머리 위에 자신의 손을 얹어야 합니다. 그리고 그가 죽여야 하는 것입니다. 제사장은 그 후에 짐승의 피를 제단에 뿌리고 제물을 태우는 일을 하였습니다.

백성이 누구라도 범죄 하였거나 하나님께 감사드리고 싶어서 제물을 바칠 때는 그 개인이 먼저 그 제물 위에, 즉 살아있는 그 짐승의 머리 위에 자신의 손을 얹는 일부터 해야 합니다. 자기 집에서 그 냥 소 한 마리를 제사장 앞으로 보내는 것이 아니었습니다. 요즈음 말로 한다면 소 한 마리 값을 다니는 교회에 헌금하면 되는 것이 아닙니다.

정육점에서 판매하는 쇠고기를 바치는 것이 아니고, 살아있는 소를 바쳐야 하였는데 바치기 전에, 즉 소를 죽이기 전에, 그 머리 위에 손을 얹으면서 그 사람은 무슨 생각을 하게 될까요? 이 짐승의 생명이 나의 죄 때문에 희생되는구나, 죄는 내가 지었는데 죽기는 네가 죽는구나, 소야 참으로 미안하다 하는 생각을 하면서 자신의 죄를 뉘우치는 심정이 있지 않았을까요? 당시 속죄제물을 받으시는 하나님께서는 그 사람의 그 마음을 보셨을 것이라고 생각합니다. 지구상의 모든 짐승이 하나님 것인데 소 한 마리를 받으셨다고 하나님께서 좋아하셨겠습니까?

죄를 알지도 못하시는 예수 그리스도는 스스로 화목제물이 되셔서 우리가 하나님의 자녀가 되는 엄청난 혜택을 받게 해 주셨습니다. 주님께서 스스로 화목제물이 되어 주셨기 때문에 그러한 의미에서 값없이 구원을 얻었다는 말은 맞습니다. 그러나 구약시대의 이스라엘 백성이 제단의 현장에서 가졌던 심정처럼, 우리들도 예수 그리스도와 그의 십자가 형벌의 죽음을 생각하면서 회개를 해야 합니다. 신자들의 삶은 여기에서 출발합니다. (참고 54, 57번) (찬송가 280장 후렴)

26. 인정받는 사람

2015. 10. 05

한국은 이미 수많은 전 세계적 행사를 개최하고 글로벌, 즉 세계적인 국가가 된 것 같습니다. 국제 대회 개최의 명분 중 중요한 것이 세계 속에 한국을 알려서 세계로부터 인정받는 것인가 봅니다. 생각해보면 초, 중, 고등학생들의 작은 또래모임이나 성인들의 각종 친목모임부터 시작하여, 각급 공공기관이나 단체들이 모두 남에게 인정을 받으려고 애를 쓰고 있는 것을 볼 수 있습니다. 제가 근무하였던 대학교의 정문에도 1년 365일 교수들의 자랑스러운 업적을 홍보하는 전광판이 쉴 틈이 없습니다.

한 번은 어느 젊은이가 성공을 하려면 여자를 잊어버려야 하겠는데 좋아하는 여자에게 인정받지 못한다면 성공이 무슨 의미가 있겠느냐고 말하는 것을 들었습니다. 정박아로서 72세까지 살다가 세상을 떠난 저의 친누나가 있었습니다. 일생 남으로부터 칭찬이나 무슨 상장 한 번 받지 못하고 살아 온 애처로운 삶이었지만 세상을 떠나기 전 수 년 동안 누나는 지나간 달력의 뒷면에 낙서 같은 그림들을 그렸습니다. 그 그림들을 제가 감탄하면서 알아주고 인정해 주는 것을 정말 좋아라고 하였습니다. 아무도 알아주지 않는 사람, 어디 가서도 하소연 할 데가 없는 사람은 비록 사업에 성공했다고 하여도 불쌍한 사람이라고 생각합니다.

지금 우리나라는 자살률이 10년 연속 세계 최고입니다.

전라북도에서도 매년 600명 이상이 자살하고 있습니다. 그런데 이런 자살은 극빈자에서부터 사회 최고 저명인사까지 모든 계층에서 발생하고 있습니다. 어느 사회가 지속적으로 자살률이 높다는 것은 현재 살아 있는 사람들도 비록 살고는 있으나 죽고 싶은 마음을 가진 사람들이 많이 있다는 것입니다. 그 들에게 누구 한 사람이라도 정말 자기를 인정해주는 사람이 있었다면, 자기 하소연을 전부 들어주고 위로해주고 함께 해주는 사람이 있었다면 아마도 절망에서 헤어나 살았을 것 입니다 .

저는 대학교수로서 살면서 먹고 입을 것은 항상 있었으나 남에게 인정받고 칭찬받고 하는 것은 정말 뜻대로 되지 않았습니다. 그래도 항상 나를 알아주는 사람은 있었습니다. 그 사람은 내가 성경을 통하여 처음 알게 된 예수 그리스도 이었습니다. 그 분은 십자가에 처형 받아 죽으셨으나 부활하시고 승천하심으로 하나님의 아들 되심을 친히 증명하신 분이십니다. 그런데 이 분이 저한테 개인적으로 의미가 있는 이유는 지금도 살아계시면서 누구나 찾아오면 결코 박대하지 않으시겠다고 말씀해주셨기 때문입니다. 누구나 라고 하셨으니 저도 찾아갑니다.

그리고 그 분은 나의 머리카락 숫자까지 다 알고 계시는 분이니까 나의 연약함과 내게 필요한 것을 내 자신보다 훨씬 더 자세히 알고 계실 것을 생각하면 안심이 되었습니다. 하나님의 아들이신 . 예수 그리스도가 나를 알아주니까 더 이상 다른 사람에게 인정받지 않더라도 좋습니다. 흔히들 종교는 다 같다고 말합니다. 그러나 교주되는 분이 지금도 살아계셔서 신자 한 사람을 개인적으로 인간적으로 상대해주시는 교주는 제가 알기로는 예수 그리스도 밖에 없습니다.

27. 로마서 독후감

2015. 10. 12

　신약성경의 로마서는 구원의 진리를 가장 체계적으로 서술한 책으로 유명합니다. 분량은 우리 말 번역 성경으로 약 25페이지 정도 됩니다. 바울이 이 편지를 쓸 때는 그 내용 문장들을 지금 처럼 장과 절로 구분하지는 않았으나 후세의 신자들이 이 긴 편지를 장과 절로 구분하여 함께 읽고 토론하기에 편리하게 해 두었습니다.

　저는 16장으로 되어 있는 로마서 중에서 마지막 장이 가장 인상적입니다. 로마서의 대부분의 지면을 사용하여 인간 구원의 진리와 교훈을 설명한 후에 저자 바울은 마지막 페이지에 완전히 사적인 안부 인사로서 편지를 마감하고 있습니다. 그래서 16장은 로마서의 사상을 이해하는데 있어서는 없어도 될 단순한 문안 인사 페이지인데 이 페이지가 웬일인지 저에게는 무척 감동적입니다. 오늘 밤에 저의 소감 일부라도 말씀 드려봅니다.

　우선 그 안부 인사에 소개되는 신자들 수는, 편지의 행선지인 로마에 있는 신자들이 27명 정도이고 편지를 쓰고 있는 바울 편에 있는 신자들이 일곱 명 나오고 있습니다. 그런데 그 중에 집사, 권사, 장로라는 호칭이 한 사람도 없다는 것이 참으로 인상적입니다.

　이제 예로서 16장의 13절과 14절을 읽어 보겠습니다.

　"주 안에서 선택된 루포와 그의 어머니에게 문안해 주십시오. 그 분은 바로 내 어머니이기도 합니다. 아순그도, 불레곤, 허메, 바드로바, 허마, 그리고 그들과 함께 있는 여러 성도들에게 문안

해 주십시오" 라고 하였습니다. 보시다시피 신자들의 이름만 나아 있습니다.

무슨 부장이니 회장이니 집사니 장로니 하는 타이틀이 없습니다. 계속해서 15절을 읽어 봅니다. "빌롤로고, 율리오, 네레오와 그의 자매, 올름바, 그리고 그들과 함께 있는 모든 성도들에게 문안해 주십시오." 라고 쓰고 있습니다.

이상의 사람들은 모두 편지를 받는 쪽의 신자들 입니다.

편지를 쓰고 있는 바울 편의 신자들은 23절에 "자기 집을 교회로 제공하여 나와 성도들을 접대한 가이오와 이 도시의 재무관 에라스도와 믿음의 형제 구아도가 여러분에게 문안합니다. 라고 쓰여 있습니다. 사도행전의 6장에서 처음 일곱 집사가 등장한 후에 어림잡아서 최소 20년은 지나간 후에 로마서가 집필 되었을 터인데, 바울이 안부를 묻는 신자들이 교회 안에서 무슨 직함이 없다는 것이 저로서는 참 인상적입니다. 직함이 혹시 있었는지도 모르지만 바울이 그 직함을 언급하지 않았다는 것은 분명합니다.

그런데 교회 안의 직함이 없는 이 신자들에 대하여 사회적 지위에 대한 언급도 전혀 없습니다. 단지 꼭 한 사람 도시의 재무관 에라스도만 그의 사회적 신분이 언급되어 있습니다.

이는 당연히 사도 바울의 눈에는 신자들의 사회적 지위나 교회 직분에 대하여는 아무런 관심도 없다는 것이 아니겠습니까? 작금 한국 교회는 전교인의 최소 절반 이상은 직분이라는 미명하에 무슨 직함들이 있습니다.

사도 바울이 오늘날 한국교회에 문안 편지를 보낸다면 이름들을 어떻게 호칭할 것인가를 생각해 해봅니다.

28. 믿기만 하면 구원 받는다는 말

2015. 10. 19

 기독교 교인들이 전도할 때 가장 많이 하는 말은 첫째가 "교회에 나오세요." 라는 것이고 두 번째가 "예수 믿고 구원 받으세요."하는 말일 것입니다. 첫 번째 말, 즉 교회에 나가는 것은 극장에 가는 정도의 시간만 내면 별로 어려운 일이 아닐 뿐더러 계속 다니면서 여러 가지 역할도 맡아 하는 사람들도 많은 것을 보면 교회에 다닌다는 것이 구체적으로 무슨 의미인가는 새삼 설명할 것도 없습니다. 그냥 시간에 맞추어 걸어서 가든지 자동차를 타든지 교회당 건물로 가면 됩니다.

 그런데 "예수 믿고 구원 받으세요" 라는 두 번째 말에서 믿는다는 말은 상당한 추가 설명이 있어야 합니다. 우선 우리 속담에도 믿는 도끼에 발등 찍힌다, 믿는 나무에 곰팡이 핀다, 또 믿는 돌에 발 뿌리 차인다는 말이 있는데 여기에서 보듯이 믿는 다는 것은 무슨 힘이 들지 않습니다.

 즉 믿는 다는 것은 마음의 상태이고 두뇌의 작용이므로 무슨 경비가 들것도 없고 땀 흘릴 것도 없을 것으로 생각됩니다. 그러니까 예수를 믿는 다는 것도 믿음이므로 하나도 힘들 것도 없으니까 빨리 예수 믿고서 구원받고 하나님의 축복도 받고 병도 낫자고 열심히 말합니다. 그런데 교회 나오라는 말은 누가 되었던 자기보다 먼저 교회에 다닌 사람들에게 듣는 말이지만, 예수 믿으라는 말은 알고 보면 예수 자신이 처음 하신 말씀입니다.

요한복음3장에서 예수 자신이 누구든지 자기를 믿는 사람은 영생을 얻을 것이라고 말씀하셨는데, 바로 그 예수님께서 8장에서는 누구든지 내 말을 지키면 영원히 죽지 않을 것이라고 말씀하셨습니다. 그러니까 예수님에 의하면 믿는다는 말은 바로 그 말을 따라 행동한다는 말과 같은 뜻입니다. 현학적으로 단어의 뜻을 분석해보는 학자들은 어떻게 생각할지 모르지만, 평범한 일반인에게 믿음이란 바로 행동을 동반합니다.

예를 들어서 오랫동안 병으로 고생하는 친구에게 좋은 의사를 소개했는데 그 친구가 그 의사에게 찾아가보지는 않고 계속 쓸데없는 곳에 돈만 쓰고 다니면 이 때 하는 말이 "그 친구는 내 말을 믿지 않는구나."라고 말하지 않겠습니까? 예수님께서는 정말 여러 번 말씀하셨습니다. "너희가 내 말대로 살면" 또는 "내 계명을 간직하여 지키면" 이라고요. 복음서를 읽으면 읽어볼 수록 실천이 없는 믿음이라는 것은 믿음이 아니구나 하는 생각이 듭니다.

작금, 복음을 전하다고 하면서 "믿기만 하면 구원을 얻는다"고 외치는 말을 듣게 되면 마치 체육관을 경영하는 사람이 우리 체육관에 등록만 하면 몸이 튼튼해진다고 선전하는 것이나 비슷하게 들립니다. (참고 46번).

29. 유교 신자들에게

2015. 10. 26

오늘 밤은 유교에 대한 저의 생각을 잠시 피력하여 봅니다.

유교의 교주가 되시는 중국의 공자는 훌륭한 선생님이라고 생각합니다. 공자는 우리 인간들이 이 땅 위에서 어떻게 살아야 할 것인가를 잘 말씀해 주셨습니다. 우선 하나만 소개한다면, 사람들은 다 함께 사회생활을 하고 있는데 군자는 다른 사람들과 화합하지만 사사로움에 동조하지는 않고 소인은 사사로움에는 동조하며 패거리는 만들지만 화합하지는 않는다는 가르침은 정말 감동적입니다. 바로 화이부동(和而不同)입니다.

아마 인간관계를 공자만큼 연구를 많이 한 사람이 또 있을까 할 정도입니다. 한문의 어질 인(仁)자가 사람 두 명이 함께 있는 것을 형상화한 글자라는 것을 생각해보면 공자의 인(仁) 사상이 얼마나 인간사회에 중요한가를 느끼게 됩니다.

그런데 제가 한번은 어느 유학자 선생님에게 예수님 이야기를 하였더니 자신은 선친께서 유림이셨는데 선친이 돌아가셨다고 어떻게 유교를 떠날 수가 있겠는가? 라고 말씀하시면서 예수 그리스도에 대한 이야기를 사양하셨습니다.

반면에 제가 교회 모임에서 저의 신앙이야기를 하면서 공자의 말을 인용한 적이 있었는데 그 옆에서 듣고 있었던 제 아내가 왜 예수 믿는 사람이 공자 말을 인용하느냐고 핀잔을 주었습니다.

그럼 예수 믿는 사람이 병이 든 친구 집을 방문 하였을 때는 무슨 치료법에 대한 의사의 말을 인용할 수도 없고 단지 성경만 읽어주고 기도만 해야 하겠는가? 하는 생각이 들었습니다.

제가 공자의 가르침을 기술한 논어를 읽어보면 공자는 솔직하고 담백하게 자신의 견해를 말하는 분 같았습니다. 논어의 선진편에서 공자는 죽음에 대한 질문을 받고서 "아직 삶에 대해서도 그 참 뜻을 모르는데 어찌 죽음에 대해서 알 수 있겠는가?" 라고 대답하였습니다. 또 "사람 섬길 줄을 모르고 어찌 신령을 섬길 수 있는가?" 라고도 말씀 하신 것을 보면 공자는 현실, 현세의 문제에 정직하게 관심을 집중한 것 같았습니다.

그러나 제 생각은 죽음의 문제는 사람이 아직 살아 있을 때 해결해야 할 것이라고 생각합니다. 그리고 이 문제를 풀어야 한다면 풀어 주실 분은 하나님의 아들이시며 이 땅에 오신 예수 그리스도밖에 없다고 믿습니다. 예수 그리스도에게 죽음의 문제를 물어보았다고 하여서 유학자로 돌아가신 선친에게 누가 된다든지 아니면 공자가 가르쳐 준 군자의 삶을 버려야 한다든지 하는 것은 전혀 아니라고 믿습니다.

죽을 때 죽으면 된다고 하면서 바쁘게 살아가는 분들과 또 자신이 죽으면 자신에 대한 모든 것이 끝이라고 믿는 분들에게는 예수 그리스도는 별로 중요한 인물이 아닐 것으로 생각합니다. 제가 이 밤에 말씀드리고 싶은 것은 단지 예수를 믿는다고 하여서 공자가 가르쳐 주신 군자의 삶을 버리는 것이 전혀 아니라는 것입니다.

30. 신자와 불신자의 차이

2015. 11. 02

신약성경 사도행전 24장부터 26장까지는 참 흥미진진합니다.

당시 유대지역을 통치하던 로마총독이 사도바울을 심문하고 재판한 사실을 같은 시대의 의사 누가가 기록한 것입니다. 무려 2년 이상을 끌어온 재판으로서 처음 재판관이었던 벨릭스 총독에 이어 그 후임 베스도 총독까지 계속되었습니다. 이 기록에는 원고인 유대인들과 피고인 바울의 각기 주장을 검토한 재판관 로마총독 즉 제 3자의 판단이 나타나 있습니다.

이중 가장 핵심적인 요약이 25장 18절과 19절에 나타난 총독의 사건요약입니다. 총독은 이 결론을 당시 법정에 동석하고 있던 유대인 왕에게 다음과 같이 말했습니다.

즉 "그를 고발한 사람들이 일어나 말했으나 내가 생각했던 것과 같은 죄는 하나도 들춰내지 못하고 자기들의 종교문제와 또 죽은 예수를 바울이 살아났다고 주장하는 것 뿐이었습니다." 이 말을 더 요약하면 피고 바울의 행적은 한마디로 죽은 예수가 살았다고 말하고 다닌 것이라는 것입니다.

인상적인 것은 로마 총독 베스도가 "죽은 예수"라고 말한 것입니다. 베스도 총독은 빌라도 총독이 유대를 떠난 후 24년 후에 부임하였고, 베스도에게 죄수 바울을 인계하고 떠났던 벨릭스 총독은 빌라도 총독이 떠난 후 불과 16년 후에 부임한 총독입니다. 벨릭스와 빌라도 사이의 16년 동안의 기간에는 1년 내지 4년씩 재임하였던 여섯 명의 총독이 있었습니다. 저는 제가 근무하였던 학교의 역사를 기록하여 본 적이 있는데 사람들은 30년 이내의 웬만한 사건은 증언을 할 수 있습니다. 지금 우리나라 사람들도 1988년도에 서울에서 올림픽 대회가 개최되었던 사실은 아직도 수많은 사람들이 기억하고 있지 않겠습니까?

더군다나 유대를 통치하던 로마 총독부는 사건일지를 당연히 보관하고 후임에게 인계하였으리라고 생각합니다. 그래서 베스도 총독은 그 이전 빌라도 총독 때 예수가 십자가 처형으로 죽었다는 사실을 100% 알고 있었기에 예수를 "죽은 예수"라고 아주 자연스럽게 말했지 않았겠습니까?

그러나 바울이 계속 부활하신 예수에 대하여 이야기를 하니까 드디어 26장 24절에서 "바울아 네가 미쳤구나 "하고 외치게 됩니다. 그러나 베스도가 바울을 수도 로마의 황제 법정에 상고하도록 호송한 사실을 보면 베스도가 바울을 정말 미친 사람으로 보지는 않았을 것입니다.

로마 총독이 직접 죄수를 심문 한 후에 미친 사람인 것도 알아보지 못하고 상급 법원으로, 즉 황제에게 죄수를 보낼 수가 있겠습니까? 베스도 총독이 말 한 것은 단지 그의 생각으로는 바울의 주장을 이해할 수 없었다는 말이지 않겠습니까? 사실 예수 그리스도가 십자가 처형으로 죽었다는 사실은 베스도 총독 뿐 아니라 현재도 세계사를 배운 사람들은 다 알고 있습니다. 신자와 불신자의 차이는 죽은 예수를 알고 있는가 아니면 부활하신 예수를 알고 있는가의 차이입니다.

지금도 살아계신 주 예수님의 은혜가 형제자매 여러분에게 함께 하시길 기도합니다.

31. 독선적인 종교

종교는 다 같은데 왜 꼭 기독교만을 믿어야 하냐고 질문하는 사람이 많이 있습니다.

또 기독교처럼 독선적인 종교는 없다고도 말합니다. 독선은 자기 혼자만이 옳다고 믿고 행동하는 것을 말합니다. 그래서 우리들이 어떤 사람을 독선적인 인간이라고 말할 때는 사실 그 사람이 보기 싫다는 뜻도 포함되어 있습니다.

왜 보기 싫을까요? 당연히 이유가 있습니다.

독선적인 사람은 우월감에 사로잡혀 자기중심적인 행동을 하기 때문일 것입니다. 누가 독선적인 사람이라면 이는 부정적인 이미지이며 상대하기 싫은 인간입니다. 선한 사마리아인 비유에 등장하는 제사장과 레위인도 아마 평소 독선적인 사람이었을 것으로 생각합니다.

저는 어려서부터 기독교신자 이었습니다. 그래서 초 중 고 학생 때는 교회 다니는 것을 자랑스럽게 생각하며 마치 뽐내듯이 사람이 많은 거리를 성경 찬송가를 일부러 들고 다니기까지 하였습니다. 그러다가 어른이 되면서 성경 찬송가를 들고 다니는 것이 남한테 자랑할 일도 아니고, 출석하는 교회당 건물이 무슨 건축대상을 받았다고 해서 자랑할 일도 아니구나 하는 생각이 들었습니다. 동네에서 교회당이 새로 생긴다면 환영하는 주민

76 __ 70이 되어 든 생각들

보다 걱정하는 주민이 더 많다는 것도 알게 되었습니다. 여러 가지 이유가 있겠지만 우선 교회당과 기독교 신자들은 소음이 많다는 것이었습니다.

기독교를 독선적이라고 부르는 이유는 또 비록 구제 사업을 많이 한다고 하더라도 이는 남을 배려하는 정신보다 자신을 선전하는 정신이 더 강하게 보이기 때문인 것 같습니다. 세계사적으로 볼 때 기독교의 독선적인 행동으로 대표적인 것이 유럽 중세의 십자군 전쟁입니다. 수많은 사람을 죽여야 하는 전쟁까지 일으키면서 기독교 세력을 확보하려고 하였습니다.

그래서 현재 우리가 기독교라고 부르고 있는 종교 때문에 속이 가장 많이 상하고 있는 사람은 세상 누구보다도 바로 교주되신 예수 그리스도라는 생각이 듭니다. 예수님은 물론 당시 인기인이었음에는 틀림없습니다. 그러나 그것은 병든 자, 배고픈 자, 버림받은 자들이 예수님에게 많이 찾아 갔기 때문이고, 예수 그 사람 자신은 구약 성경의 이사야 선지자가 예언한대로 "외치거나 소리를 높이지 않고 거리에서 떠들어 대지도 않고 상한 갈대를 꺾지 않고 꺼져가는 등불을 끄지 않은 분"이었습니다.

예수 그리스도는 사형 판결을 받은 법정에서도 억울하다고 변명조차도 하지 않으시고 묵묵히 십자가의 형벌을 받으신 분입니다. 기독교가 독선적이어서 마음에 맞지 않으신 분은 기독교 역사나 기독교 사업을 알아보려고 하지 마시고 교주 되신 예수 그리스도를 알아보시기 바랍니다. 예수 그리스도를 알아보는 방법 중 가장 좋은 것은 신약성경을 찬찬히 읽어보는 것입니다.

32. 하나님이 알아주는 사람

2015. 11. 16

"전에 여러분이 하나님을 알지 못했을 때는 실제로 있지도 않은 신들에게 종이 되었습니다. 그러나 이제는 여러분이 하나님을 알고 하나님도 여러분을 아십니다."

이 말씀은 사도 바울이 당시 갈라디아의 교회들에게 보낸 편지의 중간쯤에 나와 있는 말입니다. 하나님도 여러분을 알고 계신다는 대목이 참으로 저의 마음에 와 닿습니다. 하나님께서 아무리 이 세상과 우주를 지배하시는 신이라고 해도 또 우리가 하나님에 대하여 아무리 많이 알고 있어도 하나님께서 우리를 상대 안 해주신다면 우리들에게 좋은 점이 얼마나 있겠습니까?

현재 전 세계의 정치 경제가 변하고 있지만 아직까지는 가장 영향력 있는 나라가 미국이고 한국 사람들도 미국 대통령이 누구라는 것은 대개 다 알고 있을 것입니다.

그런데 미국 대통령이 알고 있는 한국 사람이 과연 몇 명이나 될까요? 아무리 제가 미국 대통령의 정치사상을 비롯하여 그 사람의 재정 상태까지 다 조사하여 알고 있다 한들 그것이 나한테 도대체 얼마나 유익이 되겠습니까? 지금까지 그 사람한테 편지 한 장 받아본 적도 없는데 말이지요.

생각해 볼수록 방금 제가 소개한 사도 바울이 한 말 "하나님도 여러분을 알고 계십니다." 라는 말은 정말 보통 사건이 아닙니다. 이 편지의 처음 시작을 보면 사도 바울은 하나님의 부탁을 받아서 하나님의 심부름꾼으로 편지를 쓰고 있다는 것을 분명히 밝히고 있습니다.

그러니까 바울의 그 말은 바울이 혼자서 임의로 멋대로 한 말이 아닙니다. 그리고 바울이 정말 하나님과 그 아들 예수그리스도의 사도, 즉 심부름꾼이었다는 사실은 의사 누가가 기록한 사도행전을 읽어보면 충분히 알 수가 있습니다. 또 하나님께서 사도 바울에게 부탁하여 쓰게 하신 그 편지는 지금 우리들도 같이 읽어보라고 쓰게 하신 편지입니다.

지금 이 방송을 듣고 계시는 형제, 자매 여러분, 하나님께서 우리들을 알고 계신다는 사실을 생각해 보세요. 우리들이 이 세상에서 얼마나 더 머물게 될 것인가는 알 수 없지만 이 인생을 살아가는 동안 우리의 생명을 주관하시는 하나님께서 우리를 알고 계신다는 사실은 얼마나 큰 안심과 위로를 주는지 모릅니다. 하나님께서는 우리들의 머리카락 숫자까지 다 세시고 알고 계십니다. 마태복음 10장 30절입니다.

그러니까 탈모증으로 날마다 걱정하는 형제, 자매도 비록 의사에게 가서 상담을 하시더라도 마음속으로는 하나님께 맡기시는 것이 좋습니다. 사실 알고 보면 우리 인간들은 자신의 머리카락 하나도 우리 마음대로 할 수가 없습니다. 우리 인생 여정에서 우리들의 몸과 능력을 잘 알고 계시는 하나님과 함께 동반 여행을 하는 것이야 말로 정말 은혜의 바다라고 아니 할 수가 없습니다.

오늘 밤에는 찬송가 442장, 저 장미꽃 위에 이슬을 한 번 불러 보시기 바랍니다.

찬송가 442장

저 장미꽃 위에 이슬 아직 맺혀있는 그때에
귀에 은은히 소리 들리니 주 음성 분명하다.
주님 나와 동행을 하면서 나를 친구 삼으셨네
우리 서로 받은 그 기쁨은 알 사람이 없도다.

그 청아한 주의 음성 우는 새도 잠잠케한다.
내게 들리던 주의 음성이 늘 귀에 쟁쟁하다.
주님 나와 동행을 하면서 나를 친구 삼으셨네
우리 서로 받은 그 기쁨은 알 사람이 없도다.

밤 깊도록 동산 안에 주와 함께 있으려하나
괴론 세상에 할 일 많아서 날 가라 명하신다.
주님 나와 동행을 하면서 나를 친구 삼으셨네
우리 서로 받은 그 기쁨은 알 사람이 없도다.

33. 인간의 시기심

2015. 11. 23

오늘 밤은 우리 주 예수님께서 당시 로마 총독 빌라도의 법정에 끌려가시기 전에 같은 유대인인 율법학자와 장로들로 구성된 대제사장 가야바의 법정에서 당하셨던 일에 대하여 생각해 봅니다. 마태복음 26장의 해당부분을 소개합니다.

"그때 대제사장이 자기 옷을 찢으며 큰 소리로 '저 사람이 하나님을 모독하였으니 이 이상 무슨 증거가 더 필요하겠는가! 여러분도 저 사람의 모독적인 말을 다 들었습니다. 여러분은 어떻게 생각합니까?" 하자 사형을 받아야 한다고 모두 외쳤다. 그리고 그들은 예수님의 얼굴에 침을 뱉고 주먹으로 치고 또 뺨을 때리면서 "그리스도야, 너를 때리는 사람이 누구냐? 알아맞혀 보아라." 하고 조롱하였다.

마태가 쓴 이 기록을 살펴보면 당시 유대인 지배세력이 예수님을 얼마나 미워하였는가를 너무나 잘 알 수 있습니다. 전 세계적으로 감옥에 갇힌 범법자들 중에서 사형수는 그 사람이 비록 흉악범이었다고 하여도 관련 공무원들이 학대하는 일은 없다고 합니다. 그렇다면 당시 가야바의 법정에 있었던 유대인들은 왜 우리 주님을 사형시키기로 결정한 직후에 바로 얼굴에 침을 뱉고 뺨을 때리고 하는 행동을 하였을까요? 그것은 그때까지 어쩔 수 없어서 참아왔던 분노를 드디어 마음 놓고 표현할 수 있게 되었기 때문입니다.

잘못한 사람을 벌주기 위한 법정에서 어느 사회에서나 그 죄인을 곤장으로 때리거나 기타 여러 가지 체형을 가하기는 하나 얼굴에 침을 뱉거나 뺨을 때리는 것은 상상하기 어렵습니다. 침을 뱉고 뺨을 때리는 것은 상대편을 멸시하고 미워하는 극히 사적이고 감정적 행동입니다. 이를 참으신 그 시간의 하나님의 아들을 생각해 봅니다. 유대 지배층의 예수님에 대한 이러한 감정적인 행동이 왜 나왔을까요. 이는 당시 그 지역 총독이었던 빌라도의 판단을 보면 알 수 있습니다. 그 지역을 통치하는 책임자는 예나 지금이나 민심을 여러 방법으로 파악합니다. 마태복음 27장 18절을 보면 "빌라도는 유대인 지도자들이 예수님을 시기하여 자기에게 넘겨 준 것을 잘 알고 있었다."고하였습니다.

예수님을 정죄한 사람들이 무어라고 율법적인 말을 하였어도 바로 예수님에 대한 시기심이 그들 행동의 동기이었습니다. 예수님께서 죽은 나사로를 살리시고 예루살렘에 들어가시자 군중들이 종려나무 가지를 흔들고 외치며 예수님을 환영하는 것을 보면서 바리새파 유대인들이 한 말은 "저것 보시오, 세상이 모두 저 사람을 따르고 있으니 다 틀렸소, 아무리 해도 안 되겠소" 하고 한탄하였던 것이었습니다. 사도 바울이 여러 도시에서 유대인들에게 핍박을 받은 것도 그 상황을 살펴보면 바울이 복음을 전하러 찾아간 도시마다 그 주민들이 바울의 설교를 듣기 위해 많이 몰려간 것이 유대인들의 시기심을 자극하게 된 것임을 알 수 있습니다. 남에게 존경과 관심을 받고자 하는 마음에 사로잡혀 자기가 받아야 한다고 믿는 그 존경과 관심이 다른 사람으로 이동하였을 때 일어나는 시기심은 지금도 인간들의 마음 깊숙이 숨어 있어서 분쟁과 고통의 씨앗이 되고 있습니다.

34. 하나님을 무시하는 사람

2015. 11. 30

오늘이 11월 마지막 날이네요.

11월의 초순까지 가로수의 나뭇잎들은 화려한 색깔로 풍성하고 아름다웠는데 이제는 그 잎들이 전부 길바닥으로 떨어져 버리고 나뭇가지들만 남아서 추위를 견딜 준비를 하고 있습니다. 올 가을에는 감이 풍년이었다고 하던데 유난히도 감나무에 매달린 빨간 감들이 가을 정취를 유감없이 보여주었습니다. 자연의 아름다움이 어디 가을에만 있겠습니까? 그러나 일 년 중 가을풍경이 가장 눈부시게 아름다운 것 같습니다.

나이가 들어갈수록 시간의 변화가 세심하게 느껴지면서 자연의 주인 되신 하나님의 마음도 점점 더 많이 헤아려 봅니다.

이를 테면 다음과 같습니다. 내가 친구에게 사과 한 상자를 선물로 보냈는데, 그 사과를 받은 친구가 사과를 배달하여 준 택배회사 직원에게만 수고하였다고 말하고서, 정작 나한테는 고맙다는 말 한마디도 없다면 내가 그 친구를 어떻게 생각하게 될까요. 이것은 물론 상상해 본 사건입니다. 그러나 다음은 진짜 저의 경험입니다.

한번은 우리 집에 찾아온 손님에게 식사까지 잘 대접하였는데, 우리 집 도우미 아주머니가 밥상을 차리는데 수고하였다고 도우미 아주머니한테만 고맙다고 말하고 정작 나한테는 자기 용건만 말을 하고 가더군요. 순간 정말 어이가 없었습니다. 나를 어이없게 한 그 사람은 물론 의도적으로 나를 무시한 것은 아니었겠지만 하여튼 생각이 부족한 사람으로 보였습니다. 마땅히 감사해야 할 사람을 알지 못하는 것도 큰 잘못이라고 생각합니다. 경우에 따라서는 물건을 훔치는 것이나 성희롱보다도 더욱 더 사람을 실망시킵니다. 그런데 감사할 줄 모르는 사람의 특징은 자신이 잘못했다는 생각이 전혀 없다는 것이더군요.

이러한 일들을 경험하면서, 하나님은 정말 한없이 너그러운 분이시구나 하는 생각이 듭니다. 사도바울이 당시 로마제국의 수도에 있는 신자들에게 보낸 편지에는 다음과 같은 대목이 있습니다. "하나님이 세상을 창조하신 그때부터 보이지 않는 그의 속성, 즉 그의 영원하신 능력과 신성이 그가 만드신 만물을 통해 분명히 나타나서 알게 되었으니 이제 그 들은 변명할 수가 없습니다. 그들은 하나님을 알면서도 그분을 하나님으로서 영광스럽게 하지 않고 감사하지도 않으며 그들의 생각은 쓸모없고 그들의 어리석은 마음은 어두워졌습니다."

이 말씀은 인간들이 마땅히 감사해야 할 대상을 알지 못하는 것을 질책하는 내용이지 않겠습니까?

이 지구상에서 수많은 오류들이 있지만 이중 가장 안타까운 일은 사람들이 누구에게 정작 감사를 해야 할지를 알지 못하는 것이라고 생각합니다.

올 가을에도 많은 사람들이 곱게 물든 빨간 산과 단풍을 즐기면서 자신의 사진들만 찍고서 돌아갔을 것으로 생각합니다. 그러나 인간들에게 또 한 번 가을 풍경을 허락해주신 하나님께서는 그 사람들의 모습을 무슨 생각을 하시면서 보셨을까? 오늘 밤에는 구약 성경 시편 104편을 한번 읽어보시길 바랍니다.

35. 불신자보다 더 나쁜 사람

2015. 12. 07

    교회 다니는 신자들이 교회에서 가장 많이 듣는 말이 무엇일까요? 저는 일평생 내내 교회에 다녔는데 주일학교 어린이일 때는 성탄절에 받은 상중에 가장 큰 상이 새로운 친구를 인도하여 받는 인도상이었고, 성인이 되어서는 무슨 상은 없었지만 청년부나 남전도회 등에서 가장 많이 들어 본 말은 회원 배가운동 즉 회원 수 늘리기에 관한 말이었습니다. 지금도 총동원주일이라는 말은 듣고 있습니다.

    이렇게 교회가 교인 수 확보에 힘을 쓰고 있는 이유는 한마디로 사람들을 신자로 만들기 위함이 아니겠습니까? 그런데 새삼스러운 질문 같지만 왜 사람들을 신자로 만들기 위하여 수많은 교회들이 열심을 내고 있겠습니까? 이는 신자는 하나님께서 원하시는 사람이고 하나님과 친해져서 영원한 소망이 생기기 때문이 아니겠습니까?

    그래서 이 세상 사람들을 크게 두 종류로 나누어 본다면 한편에 신자, 다른 한편에 불신자 이렇게 두 종류로 구분할 수도 있겠습니다.

    그런데 이 세상에는 신자와 불신자 이외에 또 한 종류의 사람들이 있는가 봅니다. 즉 불신자보다 더 나쁜 사람들이 있다고 합니다. 도대체 어떤 사람들이 불신자보다 더 나쁠까요? 제가 성경 디모데 전서 5장 8절을 읽어보겠습니다.

"누구든지 자기 친족 특히 자기 가족을 돌보지 않는 사람은 믿음을 배반한 자요 불신자보다 더 악한 자니라." 라고 하였습니다. 즉 이 세상에는 불신자보다 더 악한 사람이 있다는 것이고 누가 여기에 해당되는가는 바로 자기 부모형제 친척을 돌아보지 않는 사람이 여기에 해당된다는 것입니다. 그렇다면 신자가 되어서 아무리 믿음 생활을 열심히 하여도 자기 친족과 가족을 돌보지 않는다면 이는 불신자보다 더 나쁜 사람들로 분류 될 것이고 그렇다면 불신자들이 가는 영원한 불구덩이보다 더 나쁜 곳으로 가야 할 것 같습니다.

이 말씀을 생각해보니까 신자가 안 되어도 좋으니 최소한 자기 친척과 가족은 돌보아야 하겠구나 하는 생각이 듭니다. 자기 친족이나 가족 중에서 어려움에 처한 사람이 있는데 이들 생활을 돌보지 않는 사람은 믿음을 배반한 사람이요 불신자보다 더욱 악한 자라는 말씀을 보면 정말 성경의 가르침은 실제적이고 구체적입니다.

요한1서 5장에는 눈에 보이는 형제를 사랑하지 못하는 사람이 보이지 않는 하나님을 사랑할 수 없다고 하였는데, 같은 맥락으로 자기 친척과 가족을 사랑하지 않는 사람이 먼 곳에 있는 남을 사랑한다는 것도 거짓말이지 않겠습니까? 예수님께서도 당시 바리새파 사람들과 율법사들이 하나님께 바친다는 명목으로 부모를 공경하지 않는 것을 책망하신 적이 있습니다. 그런데 가족을 돌보고 있는가 돌보지 않는가는 가족이외의 다른 사람이 알기는 사실 어렵습니다.

집안에 있는 자기 가족을 정말 얼마나 돌보고 얼마나 사랑하는 가는 남이 알 수가 없습니다. 그래서 진짜 예수 믿는 사람은 남에게 인정받는 사람이 아니고 자기 가족에게 인정받는 사람이라고 합니다.

36. 모든 사람을 너그럽게 대하는 방법

2015. 12. 14

우리가 이 나그네 인생을 살아가는 동안 고린도 전서 13장에서 말하는 사랑을 어떻게 실천할 수 있을까요? 우선 그 처음 부분을 읽어보면 "사랑은 오래참고, 친절하며 질투하지 않고 자랑하지 않으며 잘난 체하지 않습니다. 사랑은 버릇없이 행동하지 않고 이기적이거나 성내지 않으며 악한 것을 생각하지 않습니다."라고 하였는데 이를 실천하기 위하여 필요한 한가지 마음이 있습니다.

즉 자기 것을 포기하는 것 입니다. 친절이라고 하는 것도 자기 것 즉 자기 시간과 소유를 양보하면 양보한 만큼 친절한 행동이 될 것이고, 질투하지 않는다는 것도 자기가 남의 관심을 사려고 하는 마음을 포기만 하면 곧 바로 가능할 것이고, 잘난 체하는 것, 이기적인 행동, 성내는 것, 참지 못하는 것, 이 모든 것이 자신의 것이라고 믿고 있는 것을 포기하여 버리면 다 해결될 것 같습니다.

문제는 이 세상에서 우리도 살아야 하는데, 우리도 사람인데, 우리도 남 앞에서 체면이 있는데 어떻게 우리 것을 항상 남에게 양보할 수가 있겠는가 하는 것입니다. 그러나 하나님께서는 자신의 자녀들에게 아무런 대책도 없이 남에게 양보만 하라는 것이 아니었습니다. 바울사도는 빌립보의 성도들에게 항상 기뻐하라고 부탁하면서 "모든 사람을 너그럽게 대하십시오. 주님께서 오실 날이 가까웠습니다."라고 말했습니다.

우리가 여름철에 유원지로 놀러 갔을 때 가끔 돗자리를 깔 자리 때문에, 서로 좋은 자리를 잡기 위해 다른 팀들과 일종의 경쟁을 할 때가 있습니다.

이 경우에 만약 우리 팀은 더 이상 놀지 않고 집으로 돌아갈 시간이 되었다면 우리가 이미 차지하였던 장소까지 얼마든지 다른 팀에게 내어 줄 수가 있지 않겠습니까? 무슨 양보라는 말을 쓸 것 조차도 없습니다. 그러나 만약 그 장소를 양보한 후에 하루 종일 뙤약볕에서 있어야 한다면 어떻게 쉽게 양보하겠습니까? 예수그리스도를 정말로 믿는 사람은 남에게 관대합니다. 왜냐하면 이 세상에서 중요한 것들이 더 이상 중요하지 않기 때문 입니다.

교인들이 믿음과 진리를 말하고 있지만 내세의 소망이 없다면 모래위에 지은 집처럼 비록 집같이 보이지만 비가 오고 바람이 불면 힘없이 무너지고 맙니다. 디도서 1장 4절 말씀처럼 믿음과 진리는 영원한 생명에 대한 희망에 근거하고 있습니다.

제가 알기로는 예수 그리스도께서는 자기를 믿는 자들에게 영원한 생명을 주시기 위하여 오셨습니다. 이 땅 위의 비전을 위하여 오신 것이 아닙니다. 내세까지 계속되는 영원한 생명이 빠져버린 진리와 믿음은 그 근거가 없어서 인간의 이기심을 극복할 수가 없습니다. 단지 일시적으로 장식품 정도의 사랑을 할 수 밖에 없을 것 같습니다.

37. 예수 믿는 이유

2015. 12. 21

저의 오랜 친구 중 한명이 종종 나에게 예수를 믿는 목적이 무엇이냐고 묻습니다.

말이 오고 가고 하다가 "그러니까 결국 천국 가기 위해 예수 믿는구나." 라고 그 친구가 결론을 맺습니다. 또 예수 믿는 사람들은 왜 죽은 다음에까지 욕심을 내고 있냐고 말하는 친구도 있습니다.

이 친구들의 말이 전혀 틀린 것은 아닙니다. 왜냐 하면 천국이 없는 기독교는 기독교라고 말할 수도 없기 때문입니다. 그러나 왜 예수를 믿느냐는 친구의 말은 아마도 예수는 역사책에 나오는 과거의 인물인데, 즉 지금은 있지도 않는 사람인데 도대체 무슨 목적으로 믿느냐는 질문으로 생각합니다.

우리가 우리를 낳아주고 길러주신 부모님을 부모라고 믿고 있는데 청취자 여러분은 도대체 무슨 목적으로 부모를 부모라고 믿고 있습니까. 사실 자녀들이 친부모를 부모라고 믿지 않는다고 해도 부모라는 사실은 변하지도 않습니다. 또 부모님이 별세하시면 액수가 많던 적던 재산 상속도 받습니다. 하지만 그렇다고 해서 재산 상속 받기 위해 부모님을 부모님이라고 믿었다면 이상하게 들리지 않습니까? 나아가서 어떤 사람이 부모님의 재산을 상속받았다고 해서 그 사람을 욕심이 많은 사람이라고 비난하겠습니까.

그리고 자신과는 아무런 관계도 없는 사람이 찾아와서 "지금부터서 당신을 아버지 어머니라고 믿을 터이니 당신의 재산을 나에게 상속시켜주세요" 라고 말한다고 해서 무슨 효과가 있겠습니까? 자신이 전쟁 중에 이산가족이 되어 고아원이나 기타 시설에서 살면서 부모를 찾는 경우가 있습니다. 이러한 경우에도 부모 아닌 사람을 인정상 비록 부모라고 부를 수는 있으나 자기를 낳아준 부모라고 마음속으로부터 믿을 수는 없습니다.

만약 교회 다니는 목적이 무엇이냐고 묻는다면 그 질문은 가치가 있습니다. 이는 교회 다니는 목적은 얼마든지 다를 수가 있기 때문입니다. 성탄절 선물 때문에, 애인을 만나기 위하여, 마음의 안정을 위하여, 인맥을 넓히기 위하여, 사회 봉사를 위하여, 기독교를 알아보기 위하여, 등등입니다.

그러나 무슨 목적으로 예수를 믿느냐고 묻는 것은 질문자체가 경위에 맞지 않습니다.

믿는다는 것은 믿어지기 때문에 믿는 것이지 무슨 목적 때문에 믿을 수는 없습니다. 밥상에 밥이 있으면 밥이 있다고 믿습니다. 그러나 배가 고파서 밥을 먹을 목적이 있다고 해서 밥상에 밥이 없는데 밥이 있다고 믿을 수는 없습니다. 만약에 믿는 다면 이를 망상이라고 말합니다. 그래서 사도 바울이 부활하셔서 살아계시는 예수를 믿는다고 말하자 그를 심문하던 로마 총독 베스도가 큰 소리로 "바울아 네가 미쳤도다. 너의 많은 학문이 너를 미치게 하고 있다"라고 외쳤던 것 입니다. 결국 사람들은 언젠가는 사도바울 편에 서느냐 아니면 총독 베스도편에 서느냐 둘 중 한쪽 편이 될 뿐입니다. 제가 사도바울 편에 서 있는 것은 신약성경에 소개된 예수와 사도들의 말과 행적이 충분히 믿을 만하다는 것입니다. 내심 무슨 다른 목적이 있는 것은 아닙니다.

38. 하나님이 기억해 주는 사람

2015. 12. 28

　일 년 사계절 중 밤하늘이 가장 아름다운 때가 겨울입니다. 어느 철보다 가장 많은 별들이 반짝입니다. 우리나라는 이미 전 국민의 절반 이상이 층층이 포개진 아파트에서 살면서, 밤하늘을 쳐다보고 별을 세어보는 시간도 마당도 다 잊고 사는 편이지만 밤하늘의 별들은 여전히 우리들 마음에 우주 공간의 신비함을 불러일으켜 줍니다. 제가 살고 있는 동네에서도 동트기 전 새벽에 나와 밤하늘을 쳐다보면 아직 꽤 많은 별들이 보입니다. 하늘이 점차 밝아오면 별들은 점점 사라져 버리고 동쪽 하늘에서 유달리 반짝이는 금성이 마지막까지 남아있다가 흔적을 감추어 버립니다.

　그런데 하늘의 별은 도대체 몇 개나 될까요. 숫자가 아주 많은 것을 천문학적 숫자라고 합니다. 숫자 1에 공을 하나 붙이면 10이되고 공이 두개면 100, 공이 여덟개가 붙으면 1억이 됩니다. 그런데 천문학자들의 말에 의하면 하늘의 별 수는 1에 공을 22개를 붙여야 하고 거기에 또 7을 곱해야 한다니까 숫자의 단위도 모르겠습니다.

　우리나라 밤하늘에 우리가 볼 수 있는 별은 몇 개나 될까요?

　그리고 북두칠성이나 금성을 빼고서 이 중에서 우리가 이름을 알고 있는 별은 몇 개나 될까요? 시편 147편에는 하나님께서는 별의 수를 정하시고 그 이름을 하나, 하나 부르신다고 하였습니다. 하나님께서 우주의 주인 되신다는 사실을 이처럼 잘 표현 할 수 있을까 하는 생각이 듭니다. 어떤 집이든지 그 집 재산을 가장 잘 파악하고 있는 사람은 역시 그 집 주인이지 않겠습니까? 하나님께서 우주안의 별들을 숫자만 파악하시고 계시는 것이 아니라 그 이름을 하나, 하나 알고 계신다는 것을 생각해보면 정말 우주의 유일한 주인이시라고 생각합니다. 그런데 성경에 보면 하나님께서 이름을 알고 계신다는 대목이 또 있습니다.

요한복음 10장에는 하나님의 아들이신 예수님께서 자신을 선한 목자로 비유하시면서 말씀하시길 선한 목자는 자기 양들의 이름을 하나하나 불러서 데리고 나간다고 하였습니다. 양떼라고 해서 그냥 큰 무리로서 이른바 도매금으로 취급하는 것이 아니고 각자의 차이를 다 기억하신다는 말입니다. 우리나라 인구가 지난 달 11월25일 기준으로 51,512,278명이라고 합니다.

우리들은 비록 우리나라 인구는 정부자료를 이용하여 알 수 있지만 이 중 개인적으로 이름을 아는 사람은 몇 명이나 되겠습니까? 하나님께서 하늘의 수많은 별도, 양떼들의 양들도 그 하나, 하나를 이름으로 아신다는 것은 우리들 개인 개인의 이름과 사정을 알고 계신다는 것으로 믿습니다. 그러니까 가장 외로운 사람에게도 친구가 되어 주실 것으로 믿습니다.

이처럼 놀랍고 가슴 벅차는 일이 어디에 있겠습니까.

39. 노후에 할 일

2016. 01. 04

안녕하십니까? 지난 성탄절은 즐겁게 보내셨습니까? 찬송가 608장에 "후일에 생명 그칠 때"라고 시작하는 찬송이 있습니다.

이 찬송 시는 생후 6개월째에 시력을 잃고 평생을 맹인으로 살아온 뉴욕 출신의 여류시인 크로스비가 71세 때 지은 시 입니다. 당시 이 시를 들은 청중들은 눈물을 흘리지 않은 사람이 없었다고 합니다. 맹인으로 즉 아무의 얼굴도 직접 보지 못하고 살아온 시인이 노후가 되어 이제는 "예수님을 직접 볼 수 있게 될 시간을 설레는 마음으로 기다린다'는 것이 얼마나 아름다운 모습이겠습니까? 저는 이 찬송가를 불러보면 크로스비여사가 노후를 가장 잘 보낸 사람이구나 하는 생각이 듭니다.

작금 한국의 신문방송을 보면 아마도 절반 정도는 노인 연금을 비롯하여, 노후 준비, 노후를 즐겁게 사는 방법 등 온통 노후에 대한 이야기인 것 같습니다. 노후시기에 할 수 있는 수많은 여가활동과 상품광고가 홍수를 이루고 있습니다. 그러나 노후라는 시기도 자기 인생의 일부일 뿐입니다. 젊은 시절이 지나갔는데, 노후라고해서 그 시기가 지나가지 않겠습니까? 100세 시대라고들 하지만 전 세계적으로 평균 수명이 90세를 넘은 나라는 아직 없습니다. 설사 100세까지 산다고 해도 80세까지 산 인생에 비교하여 단지 20년을 이 땅위에 머물었다는 것으로 무슨 큰 자랑이 되겠습니까?

제가 100세 시대라는 광고를 보면 저의 학창시절이 생각납니다.

학생 때는 역시 가장 큰 스트레스가 시험입니다. 시험시간 종이 울리면 그렇게 긴장 될 수가 없습니다. 그런데, 학교 사정으로 시험이 연기되었다고 하면 학생들은 일제히 환성을 지르며 좋아합니다. 그리고 당장 놀러 가기도 하고 영화를 보러 가기도 합니다. 그러나 시험은 단지 며칠 간 연기된 것 뿐이며 그 기간 역시 공부를 해야 할 학생 신분이었습니다. 그리고 학생의 종합적인 성적은 결국 졸업 성적으로 결정되고 그 결과는 졸업 후에 어느 직장에 취업 하는가로 나타나게 됩니다.

국민 평균수명이 늘어난 것은 마치 학생들 시험이 며칠 연기된 것이나 마찬가지라고 생각합니다. 100세 시대가 되었다고 "노후를 즐겁게"라는 문구들을 보면, 시험이 연기되었다고 마음이 들떠서 놀러 다니는 학생들을 보는 심정입니다. 세상 떠날 준비를 한다는 것은 염세나 허무주의가 아닙니다. 우리가 해외여행을 할 때 여행기간이 끝나면 귀국비행기를 타야 한다는 사실도 망각해버리고 여권이 가방 속에 있는지 없는지도 모르고, 아무 생각 없이 여행하는 것이 결코 여행을 잘 하는 것은 아닙니다. 이것들을 기억할 때에 훨씬 더 보람있는 여행을 하게 됩니다.

성공한 인생이란, 그리고 성공한 노후라는 것은 찬송가 608장 (후일에 생명 그칠 때..)을 부르는 인생이라고 생각합니다.

찬송가 608장

후일에 생명 그칠 때 여전히 찬송 못하나
성부의 집에 깰 때에 내 기쁨 한량 없겠네
내 주 예수 뵈올 때에 그 은혜 찬송하겠네
내 주 예수 뵈올 때에 그 은혜 찬송하겠네

후일에 장막같은 몸 무너질 때는 모르나
정녕히 내가 알기는 주 예비하신 집 있네
내 주 예수 뵈올 때에 그 은혜 찬송하겠네
내 주 예수 뵈올 때에 그 은혜 찬송하겠네

후일에 석양 가까워 서산에 해가 질 때에
주께서 쉬라 하리니 영원한 안식 얻겠네
내 주 예수 뵈올 때에 그 은혜 찬송하겠네
내 주 예수 뵈올 때에 그 은혜 찬송하겠네

그 날을 예비하면서 내 등불 밝게 켰다가
주께서 문을 여실 때 이 영혼 들어가겠네
내 주 예수 뵈올 때에 그 은혜 찬송하겠네
내 주 예수 뵈올 때에 그 은혜 찬송하겠네

40. 역사를 알자

2016. 01. 11

인간들의 역사 속에는 수많은 비극들이 숨겨져 있습니다. 지난 12월 말 우리나라의 중요한 신문보도는 일제치하의 동포 여인들 군위안부 역사를 한일 양국이 어떻게 생각하는가에 대한 기사이었습니다. 역사를 모르는 사람처럼 상대하기 어려운 사람도 없는 것 같습니다.

오늘밤에는 기원 전 약1400년전에 이집트에서 일어났던 사건을 생각해봅니다. 당시 나일강변의 이집트 왕국은 서양에서 가장 화려하고 번창한 왕국이었습니다.

그런데 그 당시 이집트 국민처럼 극심한 고통을 당했던 백성이 또 있었을까요, 나일강이 피로 변하여 모든 물고기가 죽어버리고 악취가 생겨 식수난을 겪는 것부터 시작하여 집안 침실까지 개구리 떼의 침입을 받고, 연이어 발생하는 몸에 붙는 이, 파리떼, 전염병, 종기, 우박, 메뚜기 떼들로 국민들은 완전히 비참한 상태가 되어버렸는데, 마지막으로 또 각 가정의 장남이 전부 죽어버리게 되어 이집트 전국이 대성통곡하게 됩니다.

이 비극의 이유는 당시 이집트 바로왕의 역사에 대한 무지에서 시작합니다.

출애굽기의 시작 부분이 되는 1장 8절은 "그때 요셉을 알지 못하는 새 왕이 일어나 이집트를 다스렸는데"라고 말합니다. 이 바로왕이 이스라엘 민족을 노예로 삼아 학대하자 이스라엘 민족은 모세의 지도하에 이집트를 탈출하게 되고, 이 과정에서 바로왕이 모세의 제안을 지속적으로 거절하는 고집 때문에 이집트 백성 전체가 앞서 언급한 대로 전대미문의 고통을 받게 되었던 것입니다.

원래 이스라엘 사람이 이집트에 살게 된 것은 이집트를 7년 흉년으로부터 구원한 이스라엘사람 요셉의 가족들을 선대 바로왕이 초청하게 됨으로서 시작되었던 것입니다. 그러나 선대의 이 역사를 알지 못하는 새 왕이 이집트를 다스리게 되자 갈등이 시작되었던 것입니다. 만약 이러한 역사를 알고 있었다면 이스라엘 백성을 마치 불청객 침입자나 되듯이 학대하지 않았을 것이고, 따라서 전국가적인 재앙도 일어나지 않았을 것입니다.

우리나라 역시 이웃나라 일본이나 미국과의 관계가 항상 살얼음을 밟는 것처럼 긴장하면서 지나가고 있는 것을 저의 일생 내내 느끼며 살고 있는데, 이는 우리들 역시 마땅히 알고 있어야 할 역사에 대한 무지가 큰 이유라고 생각합니다.

사람이 짐승들보다 더 우수하게 된 것은 사람은 짐승들이 갖지 못하는 역사를 가지고 있으며 이 역사를 통하여 배워왔기 때문입니다. 어떤 사람이나 시간과 공간 안에서 살고 있는데 사람들은 갈수록 공간에 대한 관심은 많아져서 다른 사람의 집이나 환경, 해외여행은 관심이 있으나 시간 즉, 과거와 장래에 대하여는 점점 관심이 없어져 가는 것이 심각한 문제입니다. (참고 부록 2)

41. 은밀한 기도생활

2016. 01. 18

마태복음 6장에는 하나님께 기도하는 방법에 대해 하나님의 아들이신 예수님께서 직접 가르쳐주신 대목이 있습니다. 하늘에 계신 우리 아버지로 시작하는 주기도문도 여기에 나와 있습니다.

여기에서 예수님의 가르침은 기도할 때에는 골방에 들어가서 문을 닫고 하라는 것입니다. 전후 문맥으로 살펴볼 때 기도전용으로 골방이 꼭 있어야 한다는 것이 아니고 기도 열심히 하는 것을 다른 사람들이 알아주기를 바라는 위선을 하지 말라는 말씀으로 생각합니다. 조금만 생각해봐도 정말 당연한 말씀입니다. 기도라는 것이 하나님에게 하는 이야기라면 다른 사람들에게까지 들리도록 할 필요가 전혀 없지 않겠습니까.

세속 정치권에서 누가 대통령과 독대를 하여 이야기를 한다면 여권의 실세 중에서도 최고 실세이어야 할 것입니다. 그러나 국내외 신문기자들이 다 모인 대통령 기자회견 중에 대통령과 질문을 주고 받았다고 해서 그 사람이 대통령과 얼마나 친한 사람이 되겠습니까? 이 사람은 자신이 대통령에게 질문하였다는 것이 신문에 보도되고 TV방송에도 나와서 많은 지인들에게 알려진 것으로 보람을 느끼고 만족할 것으로 생각합니다.

그러나 누구도 이 사람이 대통령과 친한 사이일 것이라고 생각하지는 않겠지요. 사람들은 보통 여러사람들과 알고 지내지만 이 중 어느 친구가 자기를 저녁식사에 초대하였다면 아주 친한 사이일 것입니다. 그런데 막상 약속 장소에 나가보니 자기뿐 아니라 함께 초대받은 사람이 수십 명이나 있다면 이는 순수한 우정이라기보다는 무슨 정치활동의 일부 정도로 그 의미가 변하게 됩니다.

같은 맥락의 말씀을 주 예수님께서도 말씀하신 것 같습니다. 회당과 길거리에 서서 기도하기를 좋아하는 사람은 이미 받을 상을 다 받았다고 하셨는데 왜일까요? 이는 많은 사람들 앞에서 조명을 집중적으로 받았으니 그것이 그 사람한테 어울리는 상이라는 말씀일 것입니다.

성경에서는 신자와 예수 그리스도의 관계를 신랑신부 관계로 종종 비유합니다. 두 사람이 서로 사랑하는 사이라면 두 사람만 같이 있는 시간이 꼭 있어야 합니다. 결혼한 부부가 일가친척들에게 칭찬도 듣고 사회에서도 훌륭한 부부라고 인정을 받으며 살고 있다 해도, 그 부부가 그 부부 단 둘이만 있는 시간이 하루에 5분도 되지 않는다면 크게 이상한 사이가 아닐까요? 비록 남들에게 무슨 칭찬을 듣지 못한다 해도 부부가 둘이서 같이 있는 시간이 많아야 정상적인 부부이지 않겠습니까?

저 장미꽃 위에 이슬로 시작하는 찬송가 442장이 있습니다.

3절에는 "밤 깊도록 동산 안에 주와 함께 있으려하나" 라는 절이 나오고 후렴에 "우리 서로 받은 그 기쁨은 알 사람이 없도다." 하면서 끝을 맺습니다. 신자들의 신앙생활은 살아계신 예수 그리스도와 단 둘이 교제하는 시간이 꼭 있어야 할 것으로 믿습니다.

42. 인간의 괘씸죄

2016. 01. 25

특별히 법을 공부하지 않은 사람들도 다 알고 있는 형법상 범죄들이 있습니다.

살인, 강도, 절도, 강간죄 등입니다. 그 이외에도 폭행, 직무유기, 직권남용, 횡령, 사기 등등 다양한 범죄가 있지만 대부분의 국민들은 이러한 범죄를 범하지 않고 일생을 살다 갑니다. 그러나 형법에 나와 있진 않지만 사람들이 부지불식간에 범하기도 쉽고 또 그 때문에 영문도 모르게 고통을 받기도 하는 죄가 있는데 그것은 소위 괘씸죄가 아닌가 합니다.

지난 여러 정권치하에서 최고 권력자에게 괘씸죄라는 죄를 짓게 되면 정말 패가망신을 할 정도로 혼이 났다고 합니다.

그래서 오늘 밤에는 이 괘씸죄에 대해 생각해보겠습니다.

괘씸죄라는 것은 물론 괘씸한 사람에게 주어진 죄목일 터인데 도대체 괘씸하다는 것은 무슨 뜻일까요. 국어사전에서는 이 단어를 정말 정확하고 쉽게 설명하고 있습니다. 우선 못마땅하고 분할 때 이 말을 쓴다고 합니다. 못마땅하다는 말은 마음에 들지 않는다는 말이니 자기를 괘씸하게 보고 있는 사람에게 무슨 논쟁을 해서 해결될 일이 아닙니다. 그렇다면 이 법에도 없는 죄에 대하여 꼭 책임을 느껴야하겠는가 하고 반문 할 수도 있겠으나 괘씸하다 의 추가설명을 듣고 보면 아무래도 괘씸죄는 그대로 인정을 해야 할 것 같습니다.

즉 괘씸하다는 것은 남에게 예절이나 신의에 어긋난 짓을 당하여 분하고 밉살스럽다는 것이며 괘씸죄라는 것은 윗사람에게 거슬리거나 눈 밖에 나는 행동을 해서 받게 되는 미움이라는 것입니다. 이제 괘씸죄가 상당히 구체적으로 명확해지는 것 같지 않습니까?

부모에게나 스승에게 예절이 결핍하면 부모나 스승은 자식이나 제자들에게 차마 괘씸하다는 말은 하지 못하고 보통 무심한 자식이라고 말하고 섭섭한 감정을 감추어 버립니다.

어떤 범죄나 그것이 발생하였을 때 당한 쪽이 상대편을 좋아할 수는 없겠지만 괘씸죄의 특징은 범한 사람이 특별히 미움을 받는다는 것입니다. 그리고 또 하나의 특징은 자신이 잘못한 것을 깨닫지 못한다는 것입니다. 사실 이 깨닫지 못하는 것이 큰일입니다.

우리 몸의 질병도 열나고 붓고 통증이 있는 염증성 질환은 환자자신이 곧 병원을 찾게 되어 조기에 치료가 용이하나 악성 종양 즉 암이라고 하는 것은 환자자신이 깨닫지 못하는 동안 계속 진행하기 때문에 무섭다는 것 아닙니까? 예수님께서 비유로 들어 이야기하신 것 중에 왕이 왕자의 결혼잔치에 그 나라의 인사들을 초대하였는데 초청받은 인사들이 몸이 아파서 불참한 것도 아니고 자기들 사업상 시간을 내지 못하겠다고 거절하자 왕이 진노하였다는 이야기가 있습니다. 초대받은 인사들은 왕에게 무슨 손해를 끼친 것도 없었다고 변명할지 모르나 이들은 바로 왕을 무시한 괘씸죄를 범하였던 것입니다.

로마서 1장에서 사도바울이 언급한대로 인간들의 어리석음이란 바로 하나님의 영광을 무시하고 하나님께 감사하지 않는 것입니다. 즉 하나님께 심각한 괘씸죄를 짓고 있다는 것입니다.

43. 예수를 배우자.

2016. 02. 01

"수고하고 무거운 짐 진 사람들아, 다 나에게 오라. 내가 너희를 쉬게 하겠다.

나는 마음이 온유하고 겸손하니 나의 멍에를 메고 나에게 배우라 그러면 너의 영혼이 쉼을 얻으리라. 내 멍에는 메기 쉽고 내 짐은 가볍다" 마태복음 11장 28절에 있는 이 말씀은 하나님 아들이신 예수님께서 본인이 직접 하신 말씀입니다.

수고하고 무거운 짐 진 사람들은 다 오라고 하셨다는 것 아닙니까. 그래서 저는 항상 예수님께 가봅니다. 떨리기는 하지만 그래도 그 분 자신이 하신 말씀이시니까 저를 박대하지 않으실 것으로 믿습니다. 예수님께서는 이어 말씀하시길 자기에게 배우면 영혼이 쉼을 얻으리라고 하셨습니다. 그래서 나는 신약성경의 복음서를 몇 번이고 읽어 봅니다. 복음서에는 그 사람 예수 그리스도가 어떻게 생각하고 어떻게 행동하였는가, 그의 가르침이 무엇이었나가 적혀있기 때문입니다.

제가 일생동안 교회에서 듣는 이야기로, 인류는 예수의 피로 죄 씻음을 받고 구원받는다는 것입니다. 그러나 이 말을 믿는다고 하면서도 혹시 마음에는 기쁨과 평화가 없고 걱정 속에서 살지는 않으십니까? 만약 그렇다면 무엇이 문제일까요? 교회는 다녀도 예수님에게 나아가서 예수님께 개인 교습을 받지 않기 때문입니다.

예수 그리스도도 분명히 사람이었습니다. 복음서를 읽어보면 당시 사람들이 예수님을 때리고 침도 뱉고 하지 않았겠습니까. 예수님도 사람이었으니까 당시 사람들이 주저함도 두려움도 없이 이렇게 무시하고 죽이기까지 하지 않았겠습니까? 예수님이 분명히 사람이었다면 예수님의 혈액도 분명히 사람의 혈액이었을 것입니다. 그렇다면 다른 사람의 적혈구, 백혈구, 혈소판, 혈장이, 그것도 2천년 전의 외국사람의 혈액이 어떻게 나와 하나님의 관계를 회복하여 나를 구원한다는 말입니까. 피는 바로 생명입니다. 수많은 병사들이 피를 흘렸다는 말은 수많은 병사들이 죽었다는 말입니다. 생명은 그 사람의 가장 귀중한 것입니다. 예수님께서는 자신의 가장 귀한 생명을 바쳐서 인간이 하나님으로부터 용서함을 받도록 해주셨습니다. 이 사실을 예수의 피가 죄를 씻었다고 표현 합니다.

예수님은 우리를 위하여 자신의 생명을 희생하였는데, "예수의 보혈", "예수의 보혈"이라고 구호처럼 외치면서 정작 예수 그리스도는 멀리하지는 않으십니까?

남편이 땀 흘려 마련한 아파트에서 살고 있는 아내가 남편은 상대도 하지 않고 아파트 거실에서 친구들과 놀고만 있다면 문제가 있을 것입니다. 예수보혈의 공로를 찬송한다고 하면서도 우리가 예수님에게 배우지 않고 예수님을 멀리 한다면 우리 마음에 진정한 쉼은 얻을 수가 없습니다.

우리의 스승되신 예수 그리스도는 사람들에게 뺨도 맞고 침 뱉음도 당하고 십자가 형틀에서 못박혀 죽음의 고통까지 겪으셨던 분입니다. (찬송가 455장)

44. 집에서 식사하는 법

2016. 02. 08

사람들이 밖에서 외식을 할 때 하는 말 중 "집에서는 절대 이런 맛이 나오지 않는데" 하는 말이 있습니다. 그럼 왜 집보다 식당에서 먹는 음식이 더 맛이 있을까요? 대개 식당에서는 조미료도 많이 넣고 양념에 대한 노하우가 있어서 그러할 것이라고 말합니다.

그런데 제가 새삼스럽게 발견한 것이 음식물에서 온도의 중요성이고 온도는 먹는 사람의 태도에 따라 크게 영향을 받는다는 것입니다. 우리말에 찬밥신세라는 말이 있습니다. 남의 관심을 받지 못하고 하찮은 사람으로 대접받았다는 말인데, 밥을 먹기는 먹었지만 찬밥을 먹었다는 것입니다. 푸대접을 받게 되면 반찬의 가지 수가 적어졌다는 것도 아니고, 조미료가 적게 들어갔다는 것도 아니고, 먹는 음식의 온도가 차다는 것이 참 정곡을 찌르는 것 같습니다.

식당에서는 손님이 식탁 앞에 일단 앉아서 기다리면 그 후에 요리가 나옵니다.

그래서 요리가 당연히 따뜻합니다. 전문식당에서는 식탁에 아예 석쇠 불판이 설치되어서 식사가 끝날 때까지 따뜻한 온도를 유지하여 주기도 합니다. 호텔 양식당에선 웨이터라는 종업원이 글자 그대로 "wait" 즉 기다리고 있다가 음식이 식기 전에 바로 바로 손님테이블로 음식을 운반하여 줍니다.

그런데 집에서는 주부가 밥을 차려두고 밥 먹으세요 하고 외치면 그때에야 식구들이 한사람, 한사람씩 식탁으로 나오기 시작합니다. 각자 지금 하고 있는 것이 곧 끝난다고 하면서 2~3분씩 늦게 나타나기가 쉬운데 음식은 2분이면 벌써 상당히 식어버립니다.

초청받아 식당에 갈 때에는 식사 나오기 전에 미리 도착하면서도, 집에서 밥 먹을 때는 식탁에 미리 와서 기다릴 생각이 전혀 없습니다. 이것이 바로 집에서 먹는 요리가 식당 것보다 맛이 없는 중요한 이유가 아닐까요. 아내나 어머니가 하는 일은 너무나 당연한 것으로 생각한 나머지, 자기 집에서는 아내나 어머니가 식구들이 밥 먹어주기를 기다려야 한다고 생각하는 것은 아닐까요?

베드로 전서 2장 17절에는 모든 사람을 존경하라는 말씀이 있습니다. 그런데 우리들이 부지불식간에 자기 식구는 너무나 친하니까 구태여 존경까지 할 필요가 없다고 생각하는지 모르겠습니다. 그래서 모든 사람을 존경한다고 하면서 그 모든 사람 중에 자기 식구는 빼두는 실수를 하는 것은 아닐까요?

지금 자기 앞에 있는 책이나, TV. 무슨 이야기가 아무리 재미있어도 주방에서 일하는 식구가 차려주는 밥이 따뜻할 때 먹는 것이 그 식구를 존중하는 태도이고 집에서도 요리가 맛있어지는 방법이라고 생각합니다.

즐거운 설날 연휴를 보내시기 바랍니다.

45. 기도

2016. 02. 15

어제 오늘 한국사회에서 가장 많이 나오는 말이 이른바 소통의 문제인 것 같습니다. 소통이라는 것은 뜻이 서로 통하는 것을 말합니다. 뜻이 꼭 서로 같아야 한다는 말은 아니고 상대편의 뜻을 서로 아는 것을 말합니다.

소통의 수단으로는 직접 만나서 말로 하는 것이 가장 좋겠지만 직접대면 이외에도 편지, 전화, 스마트폰의 문자메시지나 e-메일 등 지금은 편리한 방법이 많이 생겼습니다. 그런데 편리한 방법이 많이 있으면 무얼 합니까? 무엇이나 사용을 하지 않으면 없는 것이나 마찬가지 아니겠습니까?

지금은 마음만 먹으면 세계 어느 곳이나 자기 집에서 전화를 걸 수 있지만 불과 반세기 전만 하여도 시외통화 하는 것도 쉽지 않았습니다. 지금도 가난한 나라에서는 외국으로 전화하는 것이 돈이 있고 없고를 떠나서 쉬운 일이 아니더군요.

우체국까지 가서 신청을 하고 기다려야합니다. 그래서 아프리카의 소말리아나 인도의 오지에서 사는 친구가 전화를 하지 않는다면 원망할 수가 없겠지만, 김제시나 서울에서 살고 있는 친구가 전화 메시지를 남겼어도 답장이 없으면 인간적으로 실망하게 됩니다. 이들 많은 종류의 소통 방법 중에서 다른 것과 비교할 수도 없이 쉬운 것이 인간이 하나님께 소통할 때 사용하는 기도입니다. 하나님과 소통하기 위해서는 몇십만 원 씩 드는 전화기를 살 필요도 없고 300원 우표 한 장 살 것도 없습니다. 통신료가 완전 무료입니다. 무슨 건물도, 종이나 연필도 볼펜도 필요 없습니다.

더구나 상대편과의 시차도 신경 쓸 일이 없습니다. 다른 사람에게 전화라도 할 때에는 상대편이 지금 자는 시간일까? 식사 중일까 아니면 무슨 회의 중 일까? 하는 신경도 써야 합니다. 그러나 시편 121편에서 다윗 왕이 지은 시에 나오는 대로 하나님께서는 졸지도 않으시고 주무시지도 않으십니다. 해가 떠 있는 시간에도 달이 떠 있는 시간에도 우리들과 소통 할 수 있습니다.

하나님께서는 자신의 자녀들이 자신에게 나오는 것을 이렇게 까지 한없이 편하게 해주셨는데도 하나님과 대화하지 않는다면 하나님께서 얼마나 섭섭해 하실까? 생각해보시기 바랍니다. 기도하는 데에 한 달에 100만원씩 있어야 한다면 우리들 대부분이 기도하지 않는다고 해도 하나님께서는 섭섭해하지 않으실 것입니다.

저는 꽤 오랫동안 직장생활을 해보았는데, 복도에서 지나칠 때 그 간단한 인사도 할 줄 모르는 직원들을 보면. 그 직원이 비록 본인의 업무에는 충실하다고 해도 좋은 감정이 생기지는 않더군요. 인사할 때 무슨 시간이 드는 것도 아닙니다. 우리들은 매일 최소 하나님께 감사하다는 인사정도는 하고 살아야 하겠습니다. 우리들 인생이 언제 끝나 언제 하나님 앞에 서야 할지 모릅니다.

46. 믿음의 실체

2016. 02. 22

종교를 믿는 사람을 신자라고 부릅니다.

그러니까 신자라고 하면 기독교 신자만 있는 것이 아닙니다. 그런데 여러 종교 중 유별나게 믿음을 강조하는 종교가 기독교 인 것 같습니다. "오직 믿음만이", "오직 믿음만이"하는 말을 너 무나 많이 듣다 보니 이제는 믿음이라는 구호가 공허하게 들릴 정도가 되었습니다.

알고 보면 믿음이라는 단어는 "믿다"의 동명사이고 믿는다는 것은 그 믿는 대상이 중요합니다. 어떤 사람이 오만원짜리 돈다 발을 믿고서 일류백화점에 쇼핑을 가면 즐거운 쇼핑을 하겠지 만 무슨 휴지뭉치를 돈다발로 믿고 쇼핑을 갔다고 하면 헛걸음 만 하고 말 것입니다. 휴지뭉치를 철저하게 돈이라고 믿었다고 해서 그 믿음이 무슨 가치가 있는 것은 아닙니다. 믿는다는 것 은 무슨 대상을 믿고 있는가? 그 대상에 따라 그 믿음의 소유자 에게 유익이 있거나 없거나 하는 것 입니다.

기독교 신자들이 믿는다는 것은 그 대상이 예수 그리스도입니 다. 즉, 하나님 아들이신 예수 그리스도를 믿는다는 것입니다. 기독이라는 단어의 뜻도 예수 그리스도를 한문으로 쓴 것을 축 약한 것입니다. 그러니까 예수 그리스도가 빠져 버리면 아무리 세계평화운동이나 빈민구제를 열심히 한다고 해도 그것은 진정 한 기독교는 아닙니다.

그럼 사람이 예수를 믿지 않다가 믿게 되면 무엇이 달라질까요? 믿음이라는 것은 마음으로 믿는 것이고 또 마음이라는 것은 보이지 않는 것이니까 누구든지 자기가 예수 믿는 사람이라고 주장하면 그 말을 어떻게 반박 할 수도 없을 것 같습니다.

　그러나 성경이 말하는 믿음이라는 것은 마음에만 머무르는 믿음이 아닙니다.

　신약성경 야고보서에 이러한 말씀이 있습니다. 행동이 따르지 않는 믿음은 아무런 쓸모가 없다고요. 즉 아무런 가치가 없다는 것입니다. 더 나아가서 이렇게까지 말하고 있습니다. 영이 없는 몸이 죽은 것처럼 행동이 따르지 않는 믿음은 죽은 것이라고요. 혹시 어떤 사람은 죽은 믿음도 하여튼 믿음이 아니겠냐고 말할지 모릅니다. 사람이 죽으면 시체라고 부릅니다. 시체도 사람은 사람입니다. 그러나 아무리 사람이 좋다고 해도 시체와 같이 한 집에서 살겠습니까? 시체와 같이 지내려면 차라리 혼자서 사는 것이 100배 더 낫지 않겠습니까. 그러니까 행동이 따르지 않는 믿음은 차라리 없는 것이 훨씬 낫다고 하겠습니다.

　우리 신자들이 예수님을 믿는다면 예수님의 말씀과 예수님께서 그의 사도들을 통하여 하신 말씀을 그대로 따라 행동하는 것입니다. 예수님이 말씀하신 믿음은, 그 믿음이 실천과 분리될 수 없어서 마치 동전의 양면 같습니다. 동전의 한쪽 면이 없어졌다는 것은 바로 동전이 없어진 것입니다. 우리 신자들이 예수님을 믿는다면 그 분과 같이 행동을 해야 합니다.

　그 분과 같이 행동하려면 그 분이 어떻게 살았는가를 복음서와 사도들의 편지를 읽어보며 배워야 할 것입니다.

47. 구원의 길, 예수를 믿는다는 것

2016. 02. 29

요한복음 3장 16절은 성경전체의 대표가 되는 말로서 하나님의 아들이신 예수 그리스도 그 분이 직접 하신 말씀이십니다. "하나님이 세상을 무척 사랑하셔서 하나밖에 없는 외아들마저 보내주셨으니 누구든지 그를 믿기만 하면 멸망하지 않고 영원한 생명을 얻는다."는 것입니다. 바로 이 예수그리스도를 일생 혼신의 힘을 다하여 열심히 소개한 사람이 사도 바울인데 사도행전에 나오는 그의 가장 대표적 언행을 제가 오늘 밤 또 소개하고 싶습니다.

감옥에 갇힌 바울을 지키고 있던 간수가 바울에게 묻습니다. "선생님들, 내가 어떻게 해야 구원을 받겠습니까? "하고요. 이에 바울이 "주 예수를 믿으십시오. 그러면 당신과 온 집안이 구원을 받을 것입니다" 라고 대답했습니다(사도행전 16:30~31). 요한복음에서 예수 그리스도가 하셨던 말씀과 똑 같습니다. 오늘날 제가 생각해봐도 정말 이 이상은 할 말이 없을 것 같습니다.

새삼스러운 말이지만 예수를 믿는다는 말은 무슨 뜻일까요?

제가 시간 있는 대로 정리해보겠습니다. 우선 예수가 살아 계신다는 것입니다. 사람이 누가 되었던 누구를 믿는다는 것은 우선 그 사람이, 그 누구가, 살아있다는 것입니다. 낯선 외국 땅에서 믿고 의지하던 친구가 죽어버리면 자연스럽게 하는 말이 "아하! 이제는 내가 믿을 사람이 없구나." 라고 말하지 않겠습니까.

예수를 믿는 다는 것은 예수가 살아계시는 것을 믿는다는 것입니다. 다음으로 예수를 믿는다는 말은 예수와 아주 친하게 지낸다는 뜻입니다.

우리는 친한 친구의 말을 믿습니다. 아주 믿기 어려운 말도 절친한 친구의 말이면 믿게 되지만, 그럴듯한 말도 낯선 사람의 말은 믿기가 어렵습니다. 우정의 깊이는 믿음의 깊이와 비례합니다. 저도 세상 살면서 경험하는 것은 저를 믿어주는 사람이 가장 고맙고 정이 든다는 것입니다. 결혼 한지 43년 된 저의 아내가 가장 사랑스러운 때는 저를 믿어 줄 때이었습니다. 어떤 선물보다 저를 믿어주는 것이 감동이었습니다. 예수님도 우리가 당신을 믿어줄 때 우리를 가장 사랑해 주실 것이고 하나님께서도 당신 아들 예수 그리스도와 친한 사람을 환영하여 주실 것으로 믿습니다. 하나님께서는 세상 모든 것이 다 자기 것인데 사람이 무슨 물건을 많이 바친다고 해서 그 물건 때문에 기뻐하시겠습니까?

마지막으로 누구를 믿어준다는 말은 그의 말을 그대로 따라가는 것입니다. 행동 즉, 실천이 동반되지 않는 믿음은 가짜입니다. 예수를 믿는다는 것은 그의 말과 행동을 인정하고 그대로 따른다는 것입니다. 자신이 신자라고 말은 하면서도, 복음서에 기록되어 있는 예수님의 말과 행동을 따라 행할 생각은 하지 않고 예수믿고 구원받았다고 말하는 사람들은 요한복음 3장 16절을 "하나님께서 세상을 사랑하셔서 하나밖에 없는 아들을 희생시켜 인류를 구원했으니 인간들은 다 천국에 갈 것이다" 라는 식으로 예수님의 말씀을 자기 편리할 대로 크게 왜곡하는 사람들입니다.

48. 감사합니다. 미안합니다.

2016. 03. 07

제가 외롭게 사시는 분들을 방문하면서 느낀 점 하나는 저로서는 상대편을 조금이라도 즐겁게 해드리고자 찾아 갔는데 그 사람이 저에게 하는 말은 미안하다는 것입니다.

"이렇게까지 찾아와주셔서 미안합니다."로 시작하여, "빈손으로 오셔도 되는데 미안합니다." "바쁘실텐데 미안해서 어쩔까요?" 계속 미안하다는 것입니다.

이렇게 미안하다는 말을 듣게 되면 내가 더 이상 방문을 해서는 안되겠구나하는 생각이 듭니다. 노인들은 감사의 표현을 미안하다는 말로 한다고 하지만 미안하다는 말은 자기가 남에게 폐를 끼쳤을 때 하는 말이 아닙니까? 예를 들면 시내버스 안에서 남의 발을 밟았다거나 또는 외상값을 제때 갚지 못했거나 했을 때입니다. 즉 남에게 대하여 마음이 편치 못하고 부끄럽다는 의미입니다. 또는 남에게 무슨 부탁을 할 때에도 미안하다고 말합니다. 그런대 계속 저에게 미안하다고 말을 하시니까 결국 내가 그 사람의 마음을 불편하게 만든 죄인이 되었구나 하는 생각이 들게 되어 방문 횟수가 줄어들게 됩니다.

한번은 제가 사랑하는 하나 밖에 없는 여동생이 멀리서 저에게 놀러 왔습니다. 그래서 군산 바닷가까지 구경을 잘 시켜주고 맛있는 식사도 사 주었는데 떠날 때 하는 말이 "오빠 오늘 미안했네" 하는 것 아닙니까. 그럼 여동생은 하루종일 마음이 편치 못하고 부끄러웠다는 것인지 잘 모르겠습니다. "오빠 미안해" 하는 말 대신 "오빠 고마워. 오늘 참 좋았어요." 라고 하였으면 제 마음도 훨씬 기뻤을 것입니다.

감사하다 즉 고맙다는 말은 남이 베풀어 준 호의와 도움으로 마음이 흐뭇하고 즐겁다는 것입니다. 물론 미안하다는 것과 감사하다는 것이 그 받는 사람의 시각에 따라 서로 통하는 면이 있는 것은 사실입니다. 그래서 남에게 신세지는 것을 특히 싫어하는 일본인들의 미안하다는 말, "스미마센"은 감사한다는 뜻도 있는 가 봅니다.

그러나 우리말은 미안하다는 말과 감사하다는 말이 분명히 구분되어 있습니다. 하나님께서는 우리들에게 수많은 복을 주셨습니다. 해와 달을 비롯하여 독생자 예수그리스도까지, 날마다 일용할 양식을 주시고 정말 많은 것을 주십니다. 그러니까 당연히 구약이나 신약이나 성경기자들은 하나님께 감사하다는 말이 정말 많이 나옵니다. 하나님께 미안하다고는 말하지 않았더만요.

바울사도는 당시 신자들에게 항상 기도에 힘쓰라고 말하면서 기도할 때는 정신을 바짝 차리고 하나님께 감사하라고 하였는데 정말 마음에 와 닿습니다(골로새서 4장 2절). 이는 우리가 하나님과 대화할 때 가장 중요한 말, 잊어서는 안 되는 말이 감사이기 때문입니다. 하나님에게나 사람에게나 감사합니다. 고맙습니다. 라고 말하는 것을 잊지 않는다면 좋은 일이 더 많이 생길 것으로 믿습니다.

49. "냅 도"

2016. 03. 14

우리들이 잘 아는 "행동하는 양심"이라는 유명한 말이 있지만 행동을 하지 않는 것도 뜻이 있는가봅니다. 마태복음 13장에는 예수님이 말씀하신 밀밭 이야기가 나옵니다. 어느 농부가 자기 밭에 좋은 씨앗을 뿌렸는데 그 농부를 시기하는 나쁜 사람이 밤중에 와서 나쁜 씨앗 즉 독보리를 덧뿌렸습니다.

처음에는 몰랐지만 싹이 트고 자라게 되자 독보리의 존재가 보이기 시작했습니다.

일꾼들이 독보리를 뽑아내겠다고 말하자 주인 농부가 하는 말은 그냥 두라는 것 이었습니다. 추수 때에 처리할 터이니 그냥 두라는 것이었습니다. 주인은 독보리를 제거하다가 좋은 밀 한포기라도 다칠 것을 염려한다고 하였지만 저에게는 독보리를 당장 제거하지 말고 그냥 두라는 말이 너무 인상적입니다.

이어서 마태복음 15장에서는 바리새파 사람들과 율법학자들이 예수님의 제자들이 식사 전에 손 씻는 전통을 지키지 않는다고 힐난한 적이 있습니다. 그런데 이렇게 밥먹는 것까지 전통을 중요하게 생각하는 그 사람들은 자기들이 만든 그 전통이라는 것을 방패삼아 불효를 정당화하였습니다. 즉 가장 높으신 분은 하나님이고, 그래서 하나님은 부모보다 더 높고 그러니까 부모에게 드려야 할 것도 하나님께 드린다면 그것은 정당한 행동이라는 전통이 있다는 것입니다.

　예수님께서는 이렇게 그럴 듯한 이론으로 전통을 만들어서 정작 부모를 공경하라는 하나님의 계명은 소홀히하는 바리새파 사람을 질책하시고, 무엇을 먹기 전에 손을 씻지 않았다고 사람이 더러워지는 것이 아니며 마음에서 나오는 악한 생각 때문에 사람이 더러워진다고 말씀하셨습니다. 그런데 이 예수님의 가르침 때문에 야기된 바리새파 사람들의 후폭풍에 대한 예수님의 태도가 저에게는 큰 교훈이 됩니다.

　식사 전에 손 씻는 문제로 예수님께 시비하러 왔던 바리새파 사람들이 그 결과 자신들의 불효하는 참 모습이 주위에 있던 군중들에게까지 밝혀지자 심히 화가 났던 모양입니다. 그래서 제자들이 예수님께 와서 바리새파사람들의 심기가 불편해진 것을 보고하자 이때 예수님께서 하신 말씀이 "내버려두어라"는 것이었습니다.

　독보리가 좋은 밀 사이에 함께 있는 것을 내버려두라고 말씀하신 예수님께서 이제는 바리새파 사람들이 자신에게 화를 내고 있는 사실을 알고서 하신 말씀이 또 "내버려두어라"고 하신 것입니다. 저는 몸이 아파서 병원에 입원한 적이 종종 있었는데 한 간병인 여사에게 들었던 말이 생각납니다. 사람이 살아가면서 선택을 해야 할 여러 가지 길(道)이 있는데 이 중 최고의 도가 "냅도"라는 것입니다. "냅도"는 내버려두는 도(Let it be)라는 것입니다.

　성경에 보니 우리 주 예수님께서도 내버려두라고 하신 때가 있었습니다.

50. 주의 일

2016. 03. 21

제가 수 년 전 해외 봉사활동 중에 어떤 여자집사님을 만난 적이 있었는데, 이 분은 소속교회 일에 충성하기 위해 직장을 그만두었다고 하였습니다. 직장까지 그만 두지는 않았지만 만만치 않은 직장근무로 피곤하다고 하면서도 이런 저런 교회모임으로 시간에 쫓겨 쩔쩔매는 교인들을 종종 봅니다. 그런데 이렇게 몸이 피곤한 교인들은 남자교인들보다 여자교인들에게서 더 많은 것 같습니다. 아마도 여성들이 육아와 가사일 까지 하면서 천성도 더 헌신적이기 때문이라고 생각합니다. 또 신자들 가운데는 자기도 주의 일을 하고 싶은데 시간이 없어서 못한다는 사람들도 있습니다.

그럼 우리에게 주어진 매일, 매일의 시간을 어떻게 보내는 것이 성경적일까요? 우선 우리 신자들이 잘 알고 있는 십계명에서 제4계명을 보면 안식일을 기억하여 거룩하게 지키라고 쓰여 있습니다. 그러나 그 동일 계명의 후반부는 엿새 동안은 힘써 네모든 일을 행할 것이라고 하였습니다.

그러니까 신자들이 엿새 동안에 각각 자기 할 일을 성실히 하지 않으면 이 역시 제 4계명을 범하는 것이라고 생각합니다. 신자들이 엿새 동안에 자기 일을 열심히 하는 것은 제4계명을 지키기 위함입니다. 이것이 바로 하나님께서 원하시는 것이고 따라서 이것이 바로 주님의 일이 되는 것이 아니겠습니까.

종교개혁자 칼빈은 상인이 하나님께 가장 영광을 올려드리는 장소는 자기 상점이라고 말하였습니다. 사도바울의 로마서에는 세금도 잘 바치라는 교훈이 나옵니다. 찬송가 552장은 한국교회가 잘 부르는 찬송중의 하나입니다. "아침 해가 돋을 때 만물 신선하여라" 하고 시작하는 찬송입니다.

이 찬송의 2절에 "주의 일을 행할 때 햇빛 되게 하소서"라는 구절이 나오는데 아마도 이 찬송을 부르면서 어떤 교인은 "나도 주의 일을 해야 하겠는데 내 자신 일만 해서 어떻게 하지" 라고 생각할지도 모릅니다. 이 대목의 원래 영문 시는 "주의 일을 행할 때"가 아니고 "나의 모든 생활에서 (in each work of mine)"라고 하였습니다. 그러니까 집안 청소를 하거나 직장 일을 하면서 나는 언제 주의 일을 할 수 있을까 하면서 초조해 할 필요가 전혀 없습니다. 주부가 방청소를 하고 쓰레기를 비우고 가족들 식사 준비를 하는 것은 하나님께서 그 주부에게 맡기신 일이고 이일이 제 4계의 후반부를 지키는 것, 즉 하나님의 일입니다.

마태복음 5장 16절에서 주 예수님께서 "이와 같이 너희 빛을 사람들 앞에 비추게 하라. 그래서 사람들이 너희 착한 행실을 보고 하늘에 계신 너희 아버지를 찬양하게 하라."라고 하셨는데 이 말씀 역시 우리들이 하는 일 하나하나가 모두 빛이 되어야 한다는 뜻 아니겠습니까. 그러므로 신자들은 자신의 일을 빨리 끝내버리고 주님의 일을 한다는 식으로 허둥대면서 살 것이 아닙니다.

51. 한사람 개인을 누가 상대해주는가?

2016. 03. 28

지금 이 시간에도 이 지구상에는 수많은 비극들이 일어나고 있습니다. 시리아와 이라크 땅에서 시작하여 유럽 여러나라로 확대되어 가는 난민들과 무차별로 사람을 죽이는 테러사건들, 아프리카 수단의 국내 세력 다툼으로 희생되어 가는 수많은 흑인 민간인들의 살상과 집단강간 사건들, 일일이 다 말 할 수도 없습니다.

이러한 사건들을 우리나라 사람들은 저 자신부터 이른바 강 건너 불구경하듯이 느끼고 있지만, 또 현장에 가 볼 수도 없지만, 이들 사람들의 고통을 한사람 한사람 구체적으로 생각하여 보면 정말 가슴 아픈 일입니다. 이러한 테러 세력들을 근절한다고 하면서 군사 강대국들이 해당 지역을 폭격도 하곤 하지만 무슨 효과는 없는 것 같습니다. 효과는커녕 희망없는 사람들의 숫자만 점점 증가시켜버립니다. 이러한 재난상태 국가는 아니라고 해도 우리들 가정에도 언제 어떠한 비극이 발생할지 알 수 없습니다.

우리들 인간사회에서 발생하는 비극적 사건들의 원인을 이 시간에 다 말할 수는 없지만 한 가지 중요한 것은 사람은 아무런 희망이 없을 때 무슨 일이든지 저지르게 될 가능성이 높아진다는 것입니다. 이때 저지르는 일은 스스로 목숨을 끊어버리는 자살일 수도 있고, 남의 생명을 무차별하게 죽여 버리는 테러가 될 수도 있습니다. 지금 세계인을 공포로 몰아넣는 테러사건들도 자살테러가 많지 않습니까? 지금 시리아와 이라크의 젊은이들에게는 미래의 희망이 없다는 것이 바탕에 깔려 있다고 합니다.

그럼 이 희망이라는 것이 어떻게 생길까요?

우리나라 정부도 국민들에게 희망을 주는 사업을 한다고 여러 가지 노력을 하는 가 봅니다. 그런데도 젊은이들은 젊은이들대로 헬조선이나 삼포세대부터 칠포세대를 말하고 있고, 노인들은 노인들대로 세계에서 가장 높은 자살률을 보이고 있습니다. 저 자신은 이미 젊은이도 아니고 자살을 생각하고 있는 노인도 아닙니다. 그렇기 때문에 제가 여기에 대하여 감히 무슨 말을 할 수 있을까 하는 생각이 들지만 답답한 심정에서 한 두 마디 의견을 피력하여 봅니다. 정부와 사회기구들은 여러가지 좋은 정책을 만들어 예산 집행을 한다고 하지만, 사각지대는 항상 있고 개인, 개인에게 희망을 주는 것은 아니라는 것입니다.

즉 국가가 어느 한 사람을 위하여 정책을 세우지는 않는데 우리들은 각자 결국 어느 한 사람일 뿐이라는 것입니다. 국가는 국가대로 무슨 일이든지 하겠지만, 개인의 희망은 개인이 만들 수밖에 없다는 것입니다. 개인을 상대하여 주는 사람은 예수 그리스도 밖에 없습니다. 예수 그리스도는 지금도 살아계십니다.

서울에 있는 대통령은 독대가 불가능하지만 예수님은 언제나 독대가 가능합니다. 예수님에게 희망을 걸 수밖에 없다는 것이 저의 생각입니다. 예수님은 역사적 인물임에 틀림없으나 부활하시어 지금도 살아 계십니다.

52. 마지막 여행준비

<u>2016. 04. 04</u>

　10여전 전부터 주 5일제 근무가 확대되면서 우리 국민들의 여행하는 횟수가 무척 증가하였습니다. 여행은 저축하였던 돈을 쓰는 시간이니까 재미있는 시간입니다. 그래서 보통 사람들은 여행 전날 밤에 마음이 설레기도 합니다.

　여행을 떠나면 남는 것은 사진밖에 없다고 하면서 부지런히 사진도 찍고. 기념되는 물건도 사고 친지들에게 줄 선물도 사곤 합니다. 새로운 풍경을 보는 것도 좋지만 친한 친구들과 함께하는 여행이라면 정말 즐겁습니다. 그런데 이렇게 앞 다투어 사진을 찍고 기념품도 사고하는 것은 새삼스러운 말이지만 여행이 끝나면 집에 돌아오기 때문이겠지요.

　돌아와서 만날 사람들이 있기 때문이겠지요.

　만약 여행을 떠났는데 집에 돌아 올 희망이 전혀 없다면 어떻게 될까요? 사진 찍고 기념품 살 기분이 생길까요?

　저 역시 지금까지 꽤 많은 여행을 했지만 항상 집에 돌아왔습니다. 그래서 아내에게 선물도 주고 사진도 같이 보곤 하였습니다. 그런데 요즈음에는 나의 마지막 여행에 대하여 생각이 점점 많아집니다. 내 마지막 여행의 특징은 무엇일까요?

　첫째로 살고 있는 집에 다시 돌아 올 수 없는 여행일 것입니다. 미국으로 이민을 간다고 해도 몇 년에 한 번씩이라도 모국 방문을 하는데 나의 마지막 여행은 내가 살던 집뿐만 아니라 나의 모든 것을 영원히 버려두고 혼자 떠나는 여행이겠지요. 같이 가는 친구도 없고 가족도 없이 그야말로 혼자서 떠나는 여행일 것입니다. 이 마지막 여행은 물론 천국으로 가는 여행입니다. 그야말로 혼자서 떠날 생각을 해 보면 마음이 설레는 것이 아니라 떨리는 것이 사실입니다.

저의 지난 경험으로 보면 여행 전에 아무리 멀리 날짜가 떨어져 있어도 출발할 날자는 반드시 온다는 것이었습니다. 그리고 여행은 출발하기 전에 반드시 준비를 한다는 것입니다. 여행기간이 길수록 더욱 미리 미리 오랫동안 준비를 해야 합니다. 아무리 기간이 짧은 여행도 거기에 맞는 준비를 하였습니다. 그럼 이 인생 마지막 여행을 위하여 무엇을 준비해야 할까요.

입국비자는 이미 확보가 되었다지만 나는 이 비자를 분실하지 않고 소지하고 있는지 자주 자주 확인하여 봅니다. 비자 발행인은 대한민국 외교통상부 장관이 아니고 하나님의 아들이신 예수 그리스도이십니다. 그리고 천국에서 예수 그리스도에게 무슨 말을 듣게 될 것인가를 생각하여 봅니다.

마태복음 5장에는 예수 그리스도가 직접 하셨던 말씀이 나와 있습니다. "나 때문에 사람들이 너희를 욕하고 핍박하고 거짓말로 온갖 험담을 할 때에 너희는 행복하다. 하늘나라에서 큰 상이 기다리고 있다. 기뻐하고 즐거워하여라. 이전의 예언자들도 이런 핍박을 받았다" 하셨으니 저도 이 상을 받고자 준비를 하고 있습니다.

53. 우리가 정말 죄인인가?

2016. 04. 11

교회에서 많이 듣는 말이 예수님이 우리 죄를 위해 십자가에서 돌아가셨다는 것입니다.

어느 사람이 나를 위해 죽어주었다니 얼마나 놀라운 일입니까? 그러나 이러한 설교를 듣고있기는하지만 자기 자신이 정말 죽을 죄인이라고 생각하는 사람이 얼마나 될까요? 솔직히 말해보면 경찰서 한 번 가본 적도 없고, 남의 돈 떼어먹은 적도 없지 않습니까?

아마도 자동차 신호위반이나 노변주차로 교통범칙금이나 한두 번 내 본 정도이지 않겠습니까? 불효자라고 지탄받을 정도로 부모에게 잘못한 것도 아니고요. 자기 자신이 나쁜 죄악을 범한 기억 자체가 없는데도 인간은 다 죄인 이라고 하니까 나도 죄인이겠지 하고 듣고는 있지만 정말 감동을 받을 수는 없을 것 같습니다. 자기가 남의 돈을 떼어먹은 기억이 없는데 어느 친구가 자기 빚을 대신 갚아 주고 고생하였다면 그 말이 무슨 말인가? 하고 의아하게 생각하지 않겠습니까?

그렇다면 지금 학교에 다니는 자녀들 둔 어느 부모를 한 번 상상해보시기 바랍니다.

그 자녀가 학교에서 성적도 상위권이고 친구관계도 원만한 모범학생이고 상도 종종 받고 하는데 그 부모는 그 자녀 때문에 심각하게 속이 상해있다는 것입니다. 학교 성적이 겨우 중간만 해도 만족한 부모들이 많이 있는데 도대체 왜 이 부모는 자녀 때문에 속이 상할까요.

그 이유는 그 아이가 부모를 전혀 상대도 하지 않기 때문이었습니다. 혹시 상담할 일이 있으면 이웃집 아저씨에게 하고, 늦은 밤 시간에도 친구들과 전화를 하면서 깔깔대고 웃기는 하지만 정작 부모님에게는 "안녕히 주무세요." 라는 간단한 인사 한 마디도 없습니다. 이 부모는 자녀로부터 아버지, 어머니라는 말을 날마다 듣고 싶었는데 이 아이는 단 한 번도 아버지 어머니 하고 부르지도 않습니다.

물론 장차 진로문제도 남들 이야기만 듣습니다. 이쯤 되면 이 부모는 자녀가 비록 학교에서 꼴지를 하여도 부모와 같이 울고 같이 웃는 자녀가 더욱 좋을 것입니다.

청취자 여러분들께서도 잘 아는 성경의 십계명이 있습니다.

이중 부모를 공경하고 살인하지 말고 간음하지 말고 도적질하지 말고 거짓말하지 말고 이웃을 탐내지 말라고 하는 계명은 모두 십계명의 후반부에 있습니다. 그 앞서 있는 첫째부터 넷째까지는 하나님을 하나님으로 인정하라는 계명입니다.

사람들은 이 하나님의 십계명 중 후반부를 범할 때는 비교적 죄의식을 갖고 있으나 이 보다 중요한 전반부는 그러한 계명이 있는 지도 모르고 살고 있습니다. 하나님의 존재와 인간의 죄를 알려주는 책이 바로 성경입니다. 아직 살아있는 동안에 성경을 꼭 읽어보시기 바랍니다.

54. 예수교(기독교)의 뿌리 구약 성경의 가르침

2016. 04. 18

많은 신자들이 구약성경에 나오는 제사 의식 가운데서 그 첫 단계를 큰 관심 없이 그냥 지나치고 있는 것 같습니다. 레위기를 읽어보면 번제나 화목제나 속죄제나 제물을 바치는 사람은 제물이 되는 그 짐승 즉 소나 양의 머리에 자기 손을 먼저 얹은 다음에 자기 손으로 죽여야 하는 것이었습니다. 이렇게 피를 흘리고 죽은 짐승의 피를 그 후에 제사장들이 제단에 뿌리고 그 육체를 불로 태웠던 것입니다.

그러므로 제사의 시작이 되는 가장 중요한 대목, 즉 짐승을 칼로 죽이는 일은 잘못을 범한 당사자 그 개인의 몫이었습니다. 그 사람이 제사장들에게 소 백 마리를 바쳤다고 해서 되는 것이 아니었습니다. 단 한 마리일지언정 본인이 직접 그 짐승을 죽여야 했습니다. 짐승을 죽이는 일을 제사장들에게 위탁하지 않고 왜 꼭 본인이 담당하도록 하였을까요?

성경에는 제사를 드릴 때, 즉 짐승을 죽일 때, 그 죽이는 사람의 심정에 대하여는 무슨 기록을 하지는 않았습니다. 그러나 저의 생각은 다음과 같습니다. 두 눈을 깜빡이며 초롱초롱 살아있는 죄 없는 순한 짐승을 칼로 찔러 죽이면서 그 사람은 무슨 심정이었을까요. 바로 자기가 범한 잘못 때문에 희생이 되어야 하는 짐승을 생각해보면 아무리 말 못하는 짐승이라고 하지만 미안한 생각이 들지 않았겠습니까? 나아가서 자기 죄를 뉘우치는 심정이 생기지 않았겠습니까?

천박한 자본주의 가치관에 빠진 현대인들은 혹시 소 한 마리는 200만원 정도 주면 사는 것이라고 단순하게 생각할지 모르지만 생명 있는 짐승을 자기가 직접 칼로 죽일 때는 전혀 차원이 다른 감정이 발생할 것으로 믿습니다. 하나님께서 이스라엘 백성에게 속죄 물로서 금이나 은을 요구하지 않으시고 생명 있는 짐승을 요구하신 것은 제물을 바치는 사람의 심정이 중요하였기 때문이라고 생각합니다. 지구상의 모든 소와 양이 하나님 것인데 어찌 하나님께서 짐승 한 마리가 더 탐이 나서 짐승을 바치라고 하셨겠습니까?

누가복음 마지막 장 마지막 부분에는 우리 주 예수님께서 십자가에서 피 흘려 죽으시고 부활하신 다음, 승천하시기 전에 마지막으로 제자들에게 하신 말씀이 있습니다.

그들의 마음을 열어 성경을 깨닫게 하시고 이렇게 말씀하셨다. "성경에는 그리스도가 고난을 받고 죽었다가 3일 만에 다시 살아날 것과 또 회개하면 죄를 용서받는다는 이 기쁜 소식이 예루살렘에서 시작하여 모든 민족에게 그리스도의 이름으로 전파될 것이 기록되어 있다. 너희는 이 일에 대한 증인이다" (누가복음. 24:45-48)

구약에서 이스라엘 백성이 짐승을 바치는 제사에서 본인의 칼에 의하여 피 흘려 죽는 짐승을 보면서 느끼는 심정으로 신약에서도 예수그리스도가 하나님 앞에서 우리를 대신하여 피 흘려 죽으심을 알고 회개하여야 속죄함을 받는다는 것입니다. 회개란 자신의 죄를 뉘우치고 하나님에게로 돌아옴을 말합니다. 회개함이 없이 예수님의 십자가 죽음만 떠들고 다닐 것이 아닙니다. 사도행전 20장 21절은 바울 사역의 요약입니다. 그는 유대인이나 그리스 사람이나 모두 회개하고 하나님께 돌아와 우리 주 예수님을 믿어야 한다고 증거했습니다. (참고 25, 53, 57장)

55. 외국어 능력

2016. 04. 25

   신약성경 고린도전서 14장을 보면 바울은 자신이 다른 사람들보다 방언을 더 많이 할 수 있음을 하나님께 감사하다고 말한 대목이 있습니다. 방언이라고 하면 황홀상태에서 영(靈)이 들려서 하는 말이라고만 이해하는 사람들이 있으나 신약성경을 자세히 읽어보면 방언이란 통역이 가능하다는 것을 알 수 있습니다. 즉 처음 듣는 외국어를 지칭하는 것입니다.

   사도행전 2장에서 오순절 성령 강림으로 나타난 사건이 바로 제자들의 방언능력이었는데, 이것은 갈릴리지방 사람인 제자들이 당시 로마제국내의 여러 민족들의 말, 즉 북아프리카와 로마 및 터키의 각 지역의 말로 하나님의 일을 말하는 것을 이들 각각의 지역에서 온 사람들이 듣고서 깜짝 놀랐다는 것입니다. 즉 미국에는 가본 적도 없고 한국에서 영어를 배운 적도 없는 시골사람이 갑자기 유창한 영어로 연설을 한다면 미국에서 온 사람들이 이를 보고서 정말 놀라지 않겠습니까?

   갈릴리출신 제자들의 전도 사업이 막 시작하는 그때에는 하나님께서 특별한 은사를 부어주셨던 것 같습니다. 이후 예루살렘 교회는 박해를 받아 모든 교인들이 흩어지게 되고, 이 후에 사도바울이 등장하여 회심하고 자신이 박해하던 예수님을 전파하면서 일생을 헌신하게 됩니다. 제가 조금 전에 언급하였던 고린도 전서는 바울이 지금 그리스의 코린스지역의 교인들에게 보낸 편지입니다.

당시 각기 다른 지역과 민족으로 구성된 로마제국을 두루 다니며 전도여행을 하는 사람에게 가장 필요한 것이 무엇이었을까요. 그것은 언어능력 즉 외국어 능력이었으리라고 생각합니다. 사도행전 21장과 22장에서도 바울의 외국어 능력이 그의 선교활동에 어떻게 작용하는가가 잘 나와 있습니다.

바울이 이 외국어 능력의 중요성을 얼마나 깊이 경험하였으면 고린도전서 13장 사랑 장(章)의 첫 마디를 이 외국어 능력을 언급함으로 시작하였겠습니까? "내가 사람의 방언과 천사의 말을 하더라도…"라고 하였는데 이 말은 "내가 이 지구상에 있는 각 종족들의 언어를 전부 할 수 있고 더 나아가 하늘의 천사들이 하는 말까지 다 할 수 있는 능력이 있다고 하여도" 라는 뜻입니다.

이렇게 외국어 능력이 중요하다는 것은 지금도 마찬가지인 것 같습니다. 지금 미국이 세계를 지배한다는 말은 영어가 세계를 지배한다는 말과 거의 같은 뜻입니다.

한국의 젊은이들도 영어공부에 들어가는 돈과 시간을 생각해 보면 정말 엄청납니다. 그러나 이렇게 누구보다도 더 많이 외국어의 중요성을 경험하였던 바울이 외국어 실력보다 더욱 귀한 능력이라고 소개하고 있는 것이 있는데 그 것이 바로 사랑입니다. 사랑이 없으면 그 외국어 능력이라는 것도 소리 나는 놋쇠와 울리는 꽹과리에 지나지 않는다는 것입니다.

56. 성경읽기

2016. 05. 02

우리나라는 전 세계적으로 교육수준이 높은 나라인데 성경을 실제로 읽어보신 분이 의외로 적은 것 같습니다. 그러나 성경과 예수 그리스도를 전혀 모르는 것도 아닙니다.

문제는 성경과 예수 그리스도를 알기는 알지만 단지 그 이름만 알고있다는 것입니다. 비유하자면 미국대통령이나 러시아 대통령의 이름을 알고있는 것과 비슷한 수준으로 성경과 예수 그리스도를 알고있는 것 같습니다. 그래서 저는 만나는 친구들에게 성경을 직접 읽어보라고 권하지만, 정말 밥까지 사주면서 성경을 읽어보라고 말하지만 성경을 읽는 친구는 정말 드문 것 같습니다. 저하고 같이 있는 시간에 한 두 페이지 읽으면 그것이 전부입니다.

우리들 거의 전부가 학교를 다녀 보았습니다. 학교 교육은 물론 수업시간에 선생님한테 강의를 듣는 것입니다. 그러나 학생 중 책이 없는 학생이 있던가요? 차라리 학교를 못 다녔어도 혼자서 책으로 독학하여 성공한 사람은 있지만 수업시간에 강의만 듣고서 성공한 사람은 없을 것으로 믿습니다. 사실 최고 학부라고 하는 대학도 그 심장은 강의실이 아니고 도서관이라고 합니다. 비록 교수 강의를 들었다고 하여도 자기 혼자 그 과목 책을 읽어보는 시간이 없다면 천재가 아니고서는 학점을 취

득하기가 어렵습니다.

그런데 왜 성경은 혼자서 읽어보지 않을까요. 우리가 소설이나 드라마는 왜 밤늦게라도 보게 되나요? 그것은 주인공이 어떻게 될까 주인공의 다음 사건이 궁금하기 때문입니다. 사실 무슨 책이든지 읽을 때는 그 책에서 알아보고 싶은 어느 무엇이 있을 때에 다음 페이지로 책장을 넘기게 됩니다.

성경도 역시 책의 일종입니다. 그래서 그 책에서 알아보고 싶은 구체적인 목적이 있어야 계속 혼자서도 읽게 됩니다. 세계적으로 유명한 인류의 고전이라고 하니까 한 번 읽어볼까? 하는 마음으로 읽고자하면 바쁜 생활 중에 우선순위에서 계속 밀려나게 됩니다.

그래서 애청자 여러분에게 제가 조언을 하나 드리고 싶습니다. 예수 그리스도가 십자가에서 죽었다는 것은 세계사를 배우는 중학교 이상의 교육만 받았으면 다 아는 사실입니다.

그런데 그 죽었던 예수 그리스도가 부활하였다는 것은 세계사책에는 나오지 않고 성경책에서만 나옵니다. 그러니까 세계사에서 배운 예수 그리스도가 정말 부활하여 지금도 살아있는가? 과연 그 증거가 있는가를 알아 볼 목적으로 성경을 읽어보시기 바랍니다. 그러니까 우선 신약 성경부터 읽어보세요.

예수 그리스도의 부활은 우리 사람 모두에게 영향을 미치는 인류 역사상 가장 큰 사건인데 이 사건을 모르고 죽는다면 정말 비극입니다. 신약성경은 약 450페이지 정도 되는 분량입니다. 꼭 읽어보시기 바랍니다.

57. 예수 십자가 구원

2016. 05. 09

제가 학생 때부터 교회 설교 시간에 항상 듣는 이야기는 예수님께서 십자가에서 인간의 죄 값을 대속하였고 즉 대신 갚아 주었고 그래서 우리들은 값없이 구원을 받았으니 이것을 믿으라 는 것이었습니다. "속죄함, 속죄함 주 예수 내 죄를 속했네" 하고 찬송가도 많이 불렀습니다.

그래서 세례까지 받았지만 항상 무언가 석연치 않은 마음이 있었습니다. 만약 갚아야 할 빚이 1억원이 있는 사람이 그 돈을 갚지 못하여 자기 집이 경매에 부치게 되었는데 어떤 독지가가 채권자에게 일억 원을 대신 갚아 주었다면 집이 경매로 넘어가지 않을 것입니다.

이 경우에 그 빚 진 사람이 빚을 갚아 준 독지가의 이름을 몰랐다는 이유로 법원에서 다시 경매에 부치지는 않습니다. 또 누가 내 대신 세금을 내주었다면 내가 대납자의 이름을 몰랐다고 해서 세무당국에서 그 돈을 2중으로 다시 나에게 청구하지는 않을 것입니다.

그렇다면 즉, 예수그리스도가 인류의 죄 값을 다 갚아 주었다면 누가 되었든 이 세상에서 예수 믿는 사람이 아니었다는 이유로 하나님께서 그 인간을 지옥에 보내지는 않으실 것이라는 생각도 할 수 있지 않겠습니까? 이미 빚이 다 갚아 졌다면 법적으로 더 이상 신경 쓸 일이 없지 않겠습니까.

  그래서 값없이 구원받았으니 예수 믿으라는 말이 어쩐지 내 마음에 석연하지 않았습니다. 교회에서는 공짜 구원이라고는 말하지 않았지만 "값없이"라는 말이 결국 공짜라는 말이지 않습니까. 일반적으로 사람들은 공짜를 좋아하니까 일단 사람들에게 값없이 구원받는다고 선전하고 있다는 생각도 들었습니다.

  역시 해답은 성경에 있었습니다. 예수님 자신이 하신 말씀은 누구든지 자기를 믿는 자는 영생을 얻을 것이라고 하였습니다. 요한복음 3장 16절에 있습니다. 즉 빚을 진 사람은 빚을 갚아 준 독지가가 누구인지 그 이름을 알아야 하고 그 독지가를 믿어야 합니다. 믿는다는 말은 그가 하는 말을 다 듣고 실천한다는 뜻입니다. 실천이 동반되지 않으면 그것은 진정한 믿음이 아닙니다.

  그래서 사도들이 전도를 시작할 때 하는 말은 "주 예수를 믿으십시오. 그러면 당신과 온 집안이 구원을 받을 것입니다" 라는 말이었습니다. "예수 그리스도 속죄 공로 때문에 당신은 구원을 받았으니 교회 다니시오"라고 말 한 것이 아니었습니다.

  예수 그리스도의 속죄 자체는 분명 무료이기는 하나 우리가 잊지 말아야 할 것은 이 속죄는 예수 그리스도를 믿고 따르는 사람들을 위한 속죄라는 것입니다. 그래서 주님께서는 마태복음 24장 13절에서 끝까지 견디는 사람이 구원을 받을 것이라고 말씀하셨습니다. (참조: 25, 54장)

58. 삶의 기쁨

2016. 05. 16

우리는 신약성경 중 마태, 마가, 누가, 요한이 기록한 4복음서를 통하여 우리 주 예수 그리스도가 어떠한 사람이었다는 것을 알 수 있습니다.

그리고 사도행전을 비롯하여 그 뒤에 계속되는 서신들을 통하여 예수의 제자들의 삶의 태도를 알 수 있는데, 저는 이 서신 즉 편지라는 것이 참 마음에 듭니다. 왜냐하면 저자가 자신의 업적으로 저술하는 방대한 저서보다 그냥 지인들에게 보내는 개인적인 편지에서 글쓴이의 참 모습이 잘 드러나기 때문입니다.

오늘 밤에는 예수의 제자 중 사도바울이 지금 그리스에 있는 빌립보 지역의 지인들에게 보낸 편지를 생각해봅니다. 약 6페이지 정도 되는 이 편지의 내용가운데 저의 마음을 가장 잡은 문구는 1장 27절입니다. "여러분은 그리스도의 기쁜 소식을 믿는 사람답게 생활하십시오." 라는 말씀입니다.

즉 기쁜 소식을 믿는 사람은 그 믿음에 어울리게 살라는 뜻입니다. 그러니까 이 편지 마지막 장에 바울이 다음과 같이 권하고 있음도 이해할 수 있습니다. "여러분은 주님 안에서 항상 기뻐하십시오. 내가 다시 말합니다. 기뻐하십시오."라고 하였습니다. 어떤 사람이 항상 우울하고 불평만 하고 다닌다면 그

것이 어떻게 기쁜 소식을 믿는 사람이라고 말할 수가 있겠습니까. 바울 사도가 연이어 또 하는 말은 모든 사람을 너그럽게 대하라는 것입니다.

일반적으로 마음에 아주 큰 기쁨이 있을 때에는 다른 사람의 웬만한 잘못은 용서하고 문제 삼지 않게 됩니다. 예를 들어 자기가 무슨 콘테스트에 나가서 상금 일천만 원을 받았다면 친구가 자기에게 빌려가고 갚지 못한 몇만 원 정도는 그냥 너그럽게 인심 쓸 수도 있지 않겠습니까?

또 바울 사도는 우리들의 실제 의식주 생활에서도 흔들리지 않는 삶의 태도를 말해주고 있습니다. "나는 가난하게 사는 법도 알고 부유하게 사는 법도 압니다. 배가 부르건 고프건 부유하게 살건 가난하게 살건 그 어떤 경우에도 만족하게 생각하는 비결을 배웠습니다." 라고 하였습니다. 부유층이 되었건 빈곤층이 되었건 어느 쪽도 바울이 가진 그 큰 기쁨에 영향을 줄 수가 없었기 때문입니다.

그럼 바울이 어느 처지에 있더라도 기쁨을 주는 그 기쁜 소식이라는 것은 무엇일까요 십자가에서 우리에 대한 그의 사랑을 보여주신 예수 그리스도의 부활로 인한 기쁨입니다. 하나님 아들이신 예수 그리스도를 살아있는 친구로 얻은 기쁨입니다. 수고하고 무거운 짐 진 자들은 다 내게로 오라고 말씀해주신 예수 그리스도를 만나는 기쁨입니다.

59. 혀(舌)와 기도

2016. 05. 23

"항상 기뻐하라 쉬지 말고 기도하라 모든 일에 감사하라."는 데살로니가 전서 말씀이 있습니다. 이는 사실 문자 그대로는 실천할 수가 없습니다. 문자 그대로 실천하려면 우선 잠자는 시간도 없어야 합니다.

당연히 하나님께서는 우리가 잠을 필요로 하는 사람이라는 것도 잘 아시고 나아가서 사랑하는 사람에게 잠을 주신다는 말씀도 하셨습니다. 그러니까 하나님께 잠도 자지 말고 기도하라는 것입니까 하고 항의 할 것은 아니고, 그 취지를 생각해보면 하나님께서는 우리의 감사와 기도를 정말 너무나 기뻐하신다는 말씀이지 않겠습니까? 그런데 감사와 기쁨은 마음의 상태이고 기도는 입으로 하는 혀의 동작입니다.

물론 소리를 내지 않고 마음속으로 하는 묵상기도도 있습니다마는 마태복음 6장6절에 주님께서도 "너는 기도할 때에 네 골방에 들어가 문을 닫고 은밀한 중에 계시는 네 아버지께 기도하라"는 말씀을 생각해보면 기도는 역시 혼자서 하더라도 음성으로 하는 것이 정석인가 봅니다.

그래서 음성이라는 것을 생각해보면 우리의 혀가 얼마나 신기한 장기인가를 새삼 생각하게 됩니다. 우리가 팔과 다리를 마음대로 움직여 여러 가지 운동을 하고 있지만 혀처럼 자기 뜻대로 움직일 수 있는 장기는 없는 것 같습니다. 그래서 누구를 마음대로 조종할 때 입안의 혀처럼 조종한다는 말도 있지 않습니까. 우리 말 단어도 최소 10만개 이상은 있다고 하는데 이 많은 단어를 혀의 동작으로 다 구분할 수 있다니 정말 신기하지 않습니까?

물론 발음에는 입술, 치아, 성대가 다 동원되겠지만 기본이 혀의 동작입니다. 입안에 있는 혀라는 살덩어리는 우리몸의 팔, 다리, 허리의 살덩어리처럼 골격근의 일종입니다. 그런데 우리몸의 골격근은 계속 운동을 하면 피곤해져서 쉬었다가 다시 해야 하는데 혀는 피곤을 모릅니다.

지금은 이삿짐센터에서 여러 가지 장비를 사용하여 이사를 해주지만 엘리베이터도 없는 아파트에서 직접 이삿짐을 운반해 보신 적이 있으십니까? 정말 팔, 다리, 허리가 한 시간도 못되어 피곤하고 아파져서 그때, 그때 쉬었다가 해야 합니다. 그러나 우리가 오징어나 땅콩을 계속 씹어보면 턱이 피곤하여 아플망정 혀가 피곤하고 아프지는 않습니다.

최근 19대 국회 때 소위 필리버스터 발언 즉 무제한 토론을 혼자서 열 시간 이상 계속한 의원도 있었습니다. 그러니까 우리 몸의 모든 장기를 만드신 창조주 하나님께서는 우리몸이 아무리 피곤해도 기도는 할 수 있도록 혀를 만드셨다는 것 아닙니까. 우리들이 친구들과는 밤을 새워 이야기를 하면서도 정작 그 혀를 만들어 주신 하나님은 대화의 상대로 생각조차도 하지 않는다면 정말 큰 잘못이라고 생각합니다.

60. 내세

작금 한국사회에서 가장 많이 듣는 말이 100세 시대라는 말이지만 현재 우리나라 요양병원에 입원중인 환자들은 80대가 가장 많습니다. 그 다음은 70대이고 그 다음이 90대입니다. 만약 100세 시대가 정말이라면 90대 환자가 가장 많아야 하지 않겠습니까. 사실 평균 수명이 90세를 넘은 나라는 전 세계적으로 없습니다.

그런데 설사 정말 100세 아니 120세까지 이 세상에서 산다고 해도 무슨 큰 차이가 있을 것 같지는 않습니다. 차이가 생긴다면 요양병원에 입원하는 기간이나 조금 더 길어질 것 같지 않습니까?

옛날부터 동양이나 서양이나 인생은 안개와 같다고 한 말은 참 적절한 표현이라고 생각합니다. 안개를 더욱 잘 느껴보는 것은 걷는 것보다 자동차 운전 할 때 입니다. 빗속에서 운전할 때도 사고 위험이 증가하지만 안개 속에서는 정말 빗속과는 비교가 안 될 정도로 답답하고 위험합니다. 그런데 안개의 진짜 의미는 안개가 걷힐 때 입니다. 안개가 걷힐 때는 정말 순식간에 없어져버립니다.

신약성경 야고보서 4장에는 "여러분의 생명이 무엇입니까? 여러분은 잠시 나타났다가 사라지는 안개에 지나지 않습니다."라는 말씀이 있습니다. 저는 이 말씀이 무슨 협박도 아니고 허무주의도 아니라고 생각합니다. 야고보의 진솔한 고백이고 저도 정말 동감입니다. 구약 성경 시편 90편에 나오는 모세의 기도는 더 구체적입니다.

"우리의 인생이 얼마나 짧은지 우리에게 우리 날 계수함을 가르치사 지혜의 마음을 얻게 하소서" 라고 하였습니다. 자신의 나이를 의식하지 않는 것을 미덕처럼 말하는 사람들을 종종 만나게 됩니다. 나이를 의식하지 않고 현실에 충실 하는 것이 당연히 긍정적인 면이 있으나 우리 인생에서 가장 중요한 것은 역시 시간입니다. 시간은 돈보다 중요합니다.

출장이 되었든 관광이 되었든 여행 중에 자기 수중에 남은 돈이 얼마나 있는지 알 필요가 없다면 그 사람이 온전한 정신이겠습니까. 돈이 얼마나 남아 있는가를 알아야 돈을 더 잘 쓸 수가 있습니다. 그런데 돈을 헤아려보는 것보다 더 중요한 것이 여행기간이 얼마나 남았는지 날짜를 헤아려 보는 것입니다. 정말 여행을 잘하려면 가장 기본적인 지식이 자신의 여행기간입니다. 어느 나라이든지 입국 심사 때 여행기간은 얼마나 될 것인가 물어보나 돈 얼마나 있는가는 대개는 질문도 하지 않습니다. 그러니까 하나님의 사람 모세가 하였던 기도가 정말 중요하지 않겠습니까.

그렇다면 잠시 머무르는 이 세상에서 어떻게 사는 것이 지혜로운 삶이 될까요. 이 질문에 도움 되는 말 하나를 소개하고 싶습니다. "만일 우리가 그리스도 안에서 바라는 것이 이 세상뿐이라면 우리는 그 누구보다도 불쌍한 사람입니다." 고린도전서 15장 19절입니다.

61. 문어발 확장

2016. 06. 06

바다에 사는 문어는 이름이 참 훌륭합니다.

글월 문(文)에 물고기 어(魚)자 이니까 글을 쓰는 물고기라는 뜻이 아니겠습니까? 먹물을 뿜어내니까 그 먹물로 글자를 쓸 것 같아서 붙여진 이름이라고 하나 실제는 글을 쓰기는커녕 있는 글자도 읽지 못하게 방해를 하고 도망 가버립니다. 다리가 여덟 개씩이나 달렸으니 괴물로 보였는지 북유럽에서는 문어를 탐욕의 상징으로 여기고 우리나라에서도 욕심의 화신으로 여겼다고 합니다.

그래서 재벌기업이 중소기업사업까지 독식을 하면서 부도덕한 사업 확장을 하면 문어발 확장이라고 비난을 받습니다. 최근 한국 경제가 다시 어려워지면서 성공한 기업은 사업을 단순화하고 한 곳에 집중한다는 조언들이 많이 눈에 뜨입니다. 역사적으로도 단순한 기업 즉 주력 상품 하나로 성공한 기업이 수명이 오래 간다고 합니다.

왜 기업이 문어발이 되는가를 생각해보면 이는 그 기업이 확실히 내놓을 만한 주력상품이 없다는 것이 가장 중요한 이유일 것입니다. 한 가지 상품으로 충분히 인정받아서 충분히 만족한다면 피곤하게 이것, 저것 문어발에 신경을 쓸 것 같지 않습니다.

고린도 전서 15장 19절에는, "만일 우리가 그리스도 안에서 바라는 것이 이 세상뿐이라면 우리는 그 누구보다도 불쌍한 사람들입니다."라고 한 사도 바울의 말이 있습니다. 이 말씀은 우리에게는 이 세상의 것 말고도 또 다른 것이 있다는 말이 아니겠습니까. 사실 우리에게 만족을 주는 주력 상품은 이 세상에 있지 않습니다. 우리가 죽은 다음에 있습니다. 그래서 우리들은 이 세상의 좋은 것들을 문어발처럼 다 차지하려고 하지 않습니다.

대기업은 대기업답게 행동해야 하지 않겠습니까. 항공기를 제작판매 하는 회사가 자전거까지 만들어 팔면서 자전거 회사에게 욕을 들을 필요가 없습니다. 그러니까 우리들은 이 세상에서 좋은 것들은 이 세상 사람들에게 즐거운 마음으로 양보를 하는 것이 좋습니다. 그래서 이 세상 사람들에게 그 누구보다도 불쌍한 바보처럼 보여지는 것이 당연합니다. 계속하여 32절에서 바울은 아주 솔직히 말합니다.

만일 죽은 사람이 다시 살아나지 못한다면 내일 죽을텐데 먹고 마시자할 것이라고요. 우리들은 부활이 있고 주 예수님과 같이 사는 천국이 있습니다. 그러니까 먹고 마시는 것은 정말 세상 사람들에게 양보를 하면서 살아야 할 것 입니다. 우리가 먹고 마시는 것을 양보하고 살 때에 그때에야 비로소 우리가 전하는 천국복음도 설득력이 있을 것입니다.

그렇지 않으면 자신들도 믿지 않는 것을 선전하고 다닌다는 비난만 받을 것입니다.

62. 가장 귀한 지식

2016. 06. 13

한국 사람들 집 중에서 아마 책 한 권 없는 집은 없을 것으로 생각합니다.

이 책에 대한 말 중에서 가장 대표적인 것이 책 속에 길이 있다는 말이 아니겠습니까? 또 좋은 책은 사람에게 주어진 가장 귀중한 축복이라는 말도 있습니다.

성경의 영어 단어인 바이블(Bible)은 성경이 나오기 전부터 책을 지칭하는 명사이였다고 합니다. 그런데 성경이 나오니까 성경이 이 바이블이라는 단어를 독차지하게 되었으니 성경은 바로 책 중에 책이라고 할 수 있겠습니다.

지금 성경은 개신교의 수많은 교단에서나 가톨릭교에서나 동일하게 경전으로 사용하고 있습니다. 그러나 이들 종교에 소속된 사람들이 자신들의 경전이 되는 성경대로 얼마만큼 따라 살고 있는가는 각자 개인의 일이기 때문에 알 수가 없습니다.

다만 영어를 공부한 학생이 영어를 전혀 모르거나 엉터리 영어를 하고 다닌다고 해서 영어책이 잘못된 것은 아니듯이, 교회와 교인들이 아무리 문제가 많다고 하여도 성경이 잘못된 것은 아닙니다.

성경은 만물을 창조하신 하나님과 그 아들 예수 그리스도와 우리 사람들과의 관계를 말해주고 있습니다. 어린 아이가 자기 어머니를 아는 것 보다 더 귀한 일이 어디 또 있겠습니까. 아무리 장난감이 좋아도 그 가치가 어머니와 비교라도 되겠습니까. 사람이 일생을 사는 동안 이 세상의 많은 것을 배우지만 창조주 하나님과 그 아들 예수그리스도를 아는 지식보다 더 귀한 지식은 없습니다.

사도 바울은 예수 그리스도를 아는 지식에 비하면 자신의 기타 지식은 쓰레기같다고 까지 말했습니다. 그 바울이 이미 소유하였던 기타 지식은 지금 수준으로 평가하여도 결코 쓸모없는 쓰레기는 아니었습니다. 지금 한국 사람이 영어뿐 아니라, 중국어, 일본어, 스페인어를 모두 유창하게 구사한다면 얼마나 훌륭한 사람이겠습니까? 바울은 당시 팍스 로마나의 광대한 지역, 사실상 당시 서양의 모든 종족에게 복음을 직접 전할 정도로 외국어에 능통한 지식인이었습니다.

신(神)이신 하나님을 우리 힘으로 알기에는 사실상 불가능합니다. 그래서 그 분이 이 세상 역사세계로 보내신 예수 그리스도를 통하여 하나님을 알게 됩니다. 그런데 예수 그리스도 역시 우리는 직접 만나 본 적이 없습니다.

다행하게도 정말 다행하게도 신약성경에 그 분이 하셨던 말씀과 행동이 기록되어 있어서 우리들은 예수 그리스도를 직접 만난 것과 같은 수준으로 예수님을 알게 되었습니다. 성경책을 읽으시면서 예수 그리스도와 하나님을 꼭 알아보시기 바랍니다.

63. 하나님께 무심한 인간들

2016. 06. 20

속세에 전혀 관심이 없다는 좋은 뜻으로 무심이라는 말이 있습니다. 그러나 우리 사회에서 보통 어떤 사람이 무심하다고 말할 때는 결코 좋은 뜻이 아닙니다.

특히나 연세 많으신 부모님들께서 자기 자식들이 무심하다고 말씀 하실 때는 정말 좋은 뜻이 아닙니다. 부모가 병이 들고 생활이 외롭고 어려워도 이에 대하여 다 큰 자식들이 무관심하면 차마 자기가 낳은 자식들을 남들 앞에서 불효자식이라고는 말할 수가 없어서 그냥 무심한 자식이라고 말을 맺고 마는 것입니다.

1928년에 루마니아에서 태어나서 히틀러 치하의 유대인 수용소에서 살아남은 후 인간의 존엄성에 헌신하였던 1986년도 노벨평화상 수상자 엘리 비젤이 한 말이 있습니다. 애청자 여러분들께서도 한 번 쯤은 들어보셨을 줄 믿습니다. "사랑의 반대는 증오가 아니라 무관심이다. 예술의 반대는 추함이 아니고 무관심이다. 신앙의 반대는 이단이 아니고 무관심이다. 생명의 반대는 죽음이 아니고 무관심이다." 라는 말입니다.

이 말에 동감이 가는 것은 이론적인 말이 아니고 실제 생활에서 경험한 바를 표현하였기 때문이라고 믿습니다. 사실 우리들의 마음을 슬프게 하는 것의 대부분은 우리를 증오하고 미워하는 원수들 때문이 아니고 무심한 자녀들, 무심한 배우자, 무심한 친구들, 무심한 이웃들 때문이지 않습니까? 그런데 무심한 사람들의 특징은 자신이 무심한 사람이라는 것을 의식하지 않는다는 것입니다. 자기 이외의 다른 사람들로부터 받는 무관심이 극도에 이르면 이른바 투명인간 취급을 받았다고 말합니다. 이는 완전히 철저하게 무시를 당하였다는 것 아니겠습니까?

저는 시간이 있는 대로 만나는 사람들에게 지금도 살아계신 주 예수님을 소개하면서 느끼는 것이 사람들이 정말 하나님과 그의 아들 예수 그리스도에게 무심하다는 것입니다. 위에서 소개한 엘리 비젤의 말과 같이 신앙의 반대는 이단이 아니고 무관심이라는 것을 실감합니다. 신약성경 로마서 3장에는 사도 바울이 다윗 왕이 지은 시편 14장을 인용하여 한 말이 있습니다. 즉 "의로운 사람은 없으니 하나도 없으며 깨닫는 사람도 없고 하나님을 찾는 사람도 없도다." 라는 것입니다.

하나님을 왜 찾지 않습니까? 이는 하나님에 대한 무관심이요. 이는 이 땅에 오신 하나님의 아들 예수 그리스도에 대한 무관심 때문입니다. 정말 완전히 무시하여 버렸기 때문에 무시하였다는 생각조차 없으며 자신들이 얼마나 큰 잘못을 하고 있는지도 당연히 모릅니다. 예수 그리스도를 인정한다는 것은 예수 그리스도를 상대하여 준다는 것입니다. 예수 그리스도를 상대하려면 그 분을 소개받아야 합니다. 예수 그리스도를 가장 잘 소개하는 책이 신약성경입니다.

신약성경을 직접 읽어보시고 예수 그리스도를 진심으로 상대하여보시길 간절히 부탁합니다.

64. 조용한 삶

2016. 06. 27

하나님의 자녀들도 당연히 의식주 생활을 하고 있습니다.

그런데 옷은 어느 정도 비싼 것을 입어야 하고, 손님과 함께 외식할 때는 식사비용 상한선을 어디까지 하고, 집은 몇 평 정도에서 사는 것이 하나님의 자녀다운 의식주일까요. 또 사회 참여는 어느 정도까지 해야 할까요.

목사님들의 축복기도 중에는 남의 머리가 될지언정 꼬리가 되지 않게 해주시라는 기도도 있지만 다양한 사회 모임에서 자신이 서야 할 위치가 어디인가 등 혼자서 결정하기 어려운 소위 개인적인 문제들이 항상 있게 마련입니다.

이에 도움이 되는 말씀이 로마서 14장에 있습니다. "믿음이 약한 사람을 따뜻이 맞아주고 그의 의견을 함부로 비판하지 마시오. 사람에 따라 어느 한 날을 다른 날 보다 중요하게 생각하는 사람도 있고 모든 날을 똑같이 생각하는 사람도 있습니다. 이런 일은 각자 자기 마음에 정한대로 할 일입니다." 이 말씀에 비추어 보면 신자들은 십자가의 군사라고 하여서 모두가 동일한 생활양식으로 동일하게 살 것은 아닌가 봅니다.

각자가 하나님 앞에서 책임을 지고 자기 의견대로 사는 것이겠지요. 12절 말씀대로 자신이 하나님 앞에서 장차 낱낱이 자백할 각오가 되어있기만 하면 각자 자신의 결정대로 살아가면 좋을 것으로 믿습니다. 또 하나의 도움이 되는 말씀이 디모데 전서 2장 첫 부분에 나와 있습니다.

3절에 "이러한 생활은 아름다운 것이며 하나님을 기쁘게 해드린다" 는 말씀이 있는데, 이 아름다운 생활이란 것은 과연 어떠한 생활일까요? 바로 그 위 2절에 나와 있습니다. 평화롭고 조용하게(peaceful and quiet) 살라는 것입니다. 우리들의 생활은 신앙심과 품위를 가지며 조용하게, 평화롭게 사는 것이 아름답다는 것입니다. 부와 명예가 있거나 없거나, 마음이 들떠서 조용한 삶에서 벗어나는 것이 좋지 않다고 생각합니다. 그런데 우리들이 조용하게 살려고 하지만 이것이 또 원하는 대로 잘 되지 않습니다.

그래서 우리가 해야 할 일이 있는데 그 것이 바로 1절과 2절 말씀입니다. 제가 읽어보겠습니다. "그러므로 내가 첫째로 권하노니 모든 사람을 위하여 간구와 기도와 도고와 감사를 하되 임금들과 높은 지위에 있는 모든 사람을 위하여 하라. 이는 우리가 모든 경건과 단정한 중에 고요하고 평안한 생활을 하려 함이라.

그러니까 우리가 조용한 삶을 살기 위해서는 다른 사람들과 왕과 고관들을 위하여 기도하는 것을 잊지 않아야 합니다. 다른 사람들 특히 왕과 고관들이 잘못하면 사회가 소란하여 지고 조용한 생활이 어려워지지 않겠습니까?

하나님께서 신자들에게 바라시는 것은 신자들이 높은 지위에 올라가라는 것이 아니고 높은 지위에 있는 사람들을 위하여 기도하여 주고 자신들은 조용하게 살라는 것입니다.

65. 부부 사이

2016. 07. 04

약 14년 전(2002년)여름에 84세로 한국에서 세상을 떠나신 대천덕신부가 계십니다. 이분은 한국에서 50년 정도를 한국 사람과 함께 노동을 하면서 선교하신 분으로 한국 사람을 한국 사람보다 더 잘 아시는 분이었습니다.

원래 미국 장로교 목사이었으나 미국교회의 재정적 도움을 받지 않고 몸소 노동을 하면서, 이른바 자비량 선교를 하고 싶어서 성공회에서 사제 서품을 받아 신부가 되신 분이었습니다. 생전에 "산골짜기에서 온 편지"를 비롯하여 많은 글로서 한국인의 신앙을 지도해 주셨는데 저 역시 그 내용에 많은 감명을 받은 바 있습니다. 이 중 특히 기억나는 것 중의 하나가 한국인은 가족관계가 너무 끈끈하다는 것입니다.

가족 관계가 화목해야 하는 것은 좋으나 너무 끈끈하면 문제가 발생합니다. 한국인의 특성은 가족과 친인척은 너무 사랑해서 무리를 하면서도 혜택을 주고 가족과 친인척이 아닌 사람에게는 무심하여 당연한 요청도 무시해버리는 것입니다. 그래서 과거나 현재나 한국 사회에는 가족관계가 너무 끈끈해서 발생하는 정치인들의 비리를 많이 보아 왔습니다.

정말 인간관계가 너무 끈끈하게 맺어지면 사실 본인들에게도 결국 결과가 좋지 않은 것을 봅니다. 왜냐하면 너무 지나친 것은 무엇이나 오래 갈 수가 없기 때문입니다. 제가 할머니들에게 종종 듣는 말이 딸하고 같이 사는 것이 며느리하고 사는 것보다 어렵다는 것입니다. 이유는 딸은 너무 친하여 오히려 문제가 많이 생긴다는 것입니다.

한번은 제가 제 나름대로 부부관계에 대하여 설문 조사를 해본 적이 있습니다. 설문 내용은 부부 사이도 남과 남이라고 말한다면 어떻겠는가 하는 것이었습니다. 약 1/3 정도는 남과 남이라고 확실하게 답변을 하고 2/3 정도가 여러 가지 애매한 답변을 하였는데 그 중에는 물론 부부는 절대로 남이 아니라고 말한 사람들도 있었습니다. 저의 생각을 말씀드리면 부부도 이웃 중의 한 사람이라는 것입니다.

이웃이니까 두말 할 필요 없이 바로 남이라는 것입니다. 십계명을 요약하면 하나님을 사랑하고 이웃을 사랑하라는 것인데, 바로 그 이웃 중에서 함께 있는 시간이 가장 많은 이웃이 부부입니다. 그러니까 신자들은 아내나 남편이외에도 사랑할 사람이 많이 있습니다.

다시 말하자면 아내나 남편도 이웃 중의 한 사람이니까 주 예수님의 명령에 의하여 사랑해주어야 한다는 것입니다. 아내 자격이 있는가? 남편 자격이 있는가 하고 따질 것이 아니라는 것입니다. 황혼 이혼이 점점 증가하고 있다고 하는데 이는 서로의 역할에 점점 실망하고 있기 때문이 아닌가요. 그냥 주님의 명령대로 사랑해주어야 할 이웃으로만 생각하면 좋으리라고 생각합니다. 자녀도 마찬가지입니다.

66. 누구의 칭찬을 바라는가?

2016. 07. 11

남을 칭찬하는 것은 좋은 일입니다.

칭찬은 남을 즐겁게 해주고 격려해주고 더욱 발전하게 해줍니다. 비교적 근래에 출판되어 많이 소개 되었던 "칭찬은 고래도 춤추게 한다."는 책도 있지 않습니까? 이 책에는 실제로 범고래 조련사의 이야기가 나옵니다. 칭찬이 고래도 춤추게 한다면 사람에게는 얼마나 많은 영향을 미치겠습니까? 소아과의사이었던 아내의 진료 경험담에 의하면 말도 잘 듣지 않고울기 잘하는 아이들도 칭찬하면서 진료하면 훨씬 협조적으로진찰받고 약도 잘 먹었다고 합니다.

그러나 이 칭찬이란 것도 다 좋은 것은 아닙니다. 칭찬도 종류가 있습니다. 남의 장점을 발견하여 인정해 주는 칭찬만 있는 것은 아닙니다. 칭찬과 친밀은 전혀 관계가 없다고 합니다. 또 칭찬 듣는 것을 목적으로 사는 사람은 마음이 지극이 약한사람이라고 하는데 동감이 갑니다. 사실 칭찬 듣는 것에 민감한 사람은 비난에도 민감하여 남의 비난을 견디지 못하고 자살까지 하게 됩니다. 우리나라가 지난 10년 이상 전 세계적으로 가장 자살률이 높은 국가라고 하는데 사람이 자신의 생명을 스스로 끊어 버리는 이유는 여러 가지 사정과 이유가 있겠지만 남의 칭찬과 비난에 너무 큰 의미를 두는 것도 한 가지 이유가 될 것으로 생각합니다.

사람이 살면서 남의 칭찬과 비난에 의지하여 웃고 울고 한다면 그 마음에 흔들리지 않는 평화가 있기는 어렵습니다. 누가복음 6장 26절에는 진리를 가르치시다가 당시 사회 지도층의 미움을 받아 십자가에 못 박혀 돌아가신 예수 그리스도가 칭찬에 대하여 하신 말씀이 있습니다. "모든 사람에게 칭찬받는 자들에게 불행이 닥칠 것이다. 그들의 조상들도 거짓 예언자들을 그렇게 칭찬하였다."는 것입니다.

그러니까 칭찬을 많은 사람들에게 받았다고 하여서 다 좋은 것은 아닙니다. 선거 때에 우선 표를 얻기 위하여 인기에 영합하는 이른바 포퓰리즘은 인간사회에서 칭찬이 갖는 한 단면을 보여주고 있습니다. 그런데 이 칭찬과 비난은 남한테서만 오는 것이 아닙니다. 바로 자기 자신으로부터 오는 칭찬 때문에 착각은 커트라인이 없다는 말도 있고, 자기 자신의 판단으로 인한 심한 자책감 때문에 날마다 괴로워하는 사람도 있습니다.

사도바울은 당시 로마제국의 여러 계층의 여러 민족들에게 복음을 처음 전하면서 그들의 다양한 반응에 부딪치게 되었습니다. 이때에 그의 마음을 표현한 말이 고린도전서 4장에 있습니다.

"나는 여러분이나 다른 어떤 사람에게 판단 받는 것을 대수롭지 않게 생각하며 나도 나 자신을 판단하지 않습니다." 그는 오직 하나님의 칭찬만을 생각하면서 행동하였기에 가장 자유스러운 사람이었다고 믿습니다.

67. 하나님(神)과 예수 그리스도

2016. 07. 18

신(神)이 정말 존재할까요? 라는 질문을 사람들에게 해보면 가장 많은 반응은 지금 먹고 살기에도 바쁜데 무슨 한가한 말을 하고 있냐는 것입니다. 제가 학생일 때 즉 1950, 60년대는 신과 죽음에 대하여 말하면 개똥철학 한다고 웃을망정 하여튼 철학적이라는 말이라도 들었습니다.

그 후 한국이 이른바 경제발전을 이루어 낸 1970년대를 지나 80년대에 이르자 신과 죽음에 대한 말을 하면, 무슨 엽기적인 말을 하고 있다고 하였습니다. 엽기라는 말의 뜻은 "괴이한 일이나 사물에 흥미를 느끼고 찾아다닌다."는 뜻입니다. 더욱 부자가 된 2000년대에 들어서자 신과 죽음에 대하여는 아예 아무런 관심이 없어지고 대신 등장한 말이 오직 100세 시대라는 것입니다.

신과 죽음에 대한 문제를 본격적으로 다루는 교회들에서도 교회발전과 축복에 관련된 현세적인 이야기가 너무 무성하여, 인간의 죽음을 해결하여 주신 예수 그리스도를 개인적으로 만나기는 어려운 것 같습니다. 우리나라 대학교에도 학생 종교 동아리들이 많이 있는데 어느 학생이 신과 죽음 문제에 대하여 알아보고 싶어서 이들 모임에 가입하였으나 동아리 활동에

만 시간을 뺏겨 그만 두었다고 합니다.

사실 우리 인간들이 눈에 보이지 않는 신을 알 수 있다는 것은 불가능하다고 생각합니다.. 그러니까 신은 인간이 만들었다는 말도 있지 않습니까? 그러나 신이신 하나님께서는 우리 인간들의 한계를 너무나 잘 알고 계십니다. 그래서 눈으로 볼 수 있는 100% 확실한 대상으로 우리와 같은 사람으로서 그의 아들을 보내주셨는데 이 분이 예수 그리스도입니다.

예수 그리스도 그 사람은 자신을 가리켜 말하기를 "나는 길이요, 진리요 생명이니 나를 통하지 않고서는 아무도 아버지께로 가지 못한다." 고 잘라서 말하였습니다. 사람들은 진리에 이르는 길 또는 신을 만나는 길이 여러 길이 있다고 말하고 있으나 예수 그리스도는 자신만이 길이라고 정말 지극히 독선적인 말을 하였습니다.

그럼 문제는 이 분 예수 그리스도가 정말 신이 보내주신 사람인가 ? 그가 스스로 한 말이 믿을 만한가? 하는 것입니다. 이를 알기 위해서는 당시 그 분을 직접 만나보았던 사람들의 말을 들어보는 것이 최고입니다. 아니, 그 방법 밖에 없습니다. 그 사람들이 전해준 말이 바로 신약성경입니다.

그 중 한 구절만 여기 소개합니다. "세상이 창조되기 전부터 계신 생명의 말씀이신 그리스도에 대하여 우리는 들었고 우리 눈으로 똑똑히 보았으며 손으로 직접 만져 보았습니다." 요한 1서 1장 1절입니다.

이 세상에서 살아있는 동안 무엇을 하면서 살든지 신약성경을 꼭 정독하여 보시기 바랍니다.

68. 바라본다는 것

2016. 07. 25

사람들에게 큰 영향을 미치고 있는 것이 신문과 방송의 뉴스
보도인데, 무슨 사건이 신문 방송에 보도되었다고 해서 이를
국민들이 다 아는 것은 전혀 아닙니다.

비록 동일한 사건보도이지만 신문 헤드라인과 한 면 전체를
차지하는 것과 한쪽 구석에 겨우 1단을 차지하는 것과는 엄청
나게 큰 차이가 있습니다.

즉 전자는 많은 독자에게 알려지나 후자는 대부분의 독자가
알지도 못하고 지나간다는 것입니다. 방송도 마찬가지입니다.
같은 사건도 방송하는 시간대와 날짜에 따라 엄청난 차이가 있
습니다. 그러니까 보여 주었다고 해도 얼마나 진솔하게 전체
를 보여 주었는가가 문제이고 또 보았다고 하여도 얼마나 주
의를 집중하여 세밀하게 보았는가가 문제인 것입니다. 아무리
신문방송에 보도되었다고 하여도 이를 알지도 못하는 사람도
있고 또 알았다고 하여도 그 아는 정도가 다 다릅니다.

바울사도가 쓴 편지 중 고린도 후서가 있습니다.

이 편지의 4장 18절에 다음과 같은 대목이 있습니다. "우리는
보이는 것을 바라보지 않고 보이지 않는 것을 바라봅니다. 보
이는 것은 잠깐이지만 보이지 않는 것은 영원하기 때문입니다
" 이 말씀의 핵심 동사는 바라본다는 것입니다.

본다는 것과 바라본다는 것은 어떻게 다를까요?

바울은 보이지 않는 것을 즉 영광의 다음 세계를 바라본다고 하였습니다. 본다는 것은 대상을 보고 알았다는 것으로 끝나지만 바라본다는 것은 그 대상을 향하여 계속 보는 것을 말합니다. 그러니까 다른 것은 볼 시간이 없는 것입니다. 사방팔방에 놓여 있는 여러 물건들은 무시하여 버리고 하나의 대상을 줄곧 응시하는 것이 바라본다는 뜻입니다. 눈길을 모아 한 곳을 똑바로 바라보는 것입니다.

예문을 들어보면 뜻이 더 확실하여 집니다. "불러도 돌아보지 말고 앞만 바라보고 뛰어라"는 말에서, 또 "주인 기다리는 개가 산만 바라본다."는 말에서 바라본다는 말의 뜻을 생각해보세요. 바라본다는 것은 시선과 관심을 고정시킨다는 것입니다.

바울사도의 삶을 보면 정말 자신이 그 편지에 쓴 대로 크고 엄청난 영원한 영광의 세계를 바라보면서 살았기에 이 세상의 모든 고난과 핍박과 명예는 다 무시하여 버릴 수밖에 없었습니다. 우리들 신자들이 이 세상의 모든 문제를 벗어날 수 있는 효과적인 방법은 보이지 않는 다가올 앞날의 영광을 즉 현재의 육체의 삶이 끝난 후를 바라보는 것입니다. 약속의 영광에 우리의 시선을 집중시키는 것입니다.

69. 신약성경이라고 부르는 책

2016. 08. 01

사도 바울이 지금 터키의 중부지역인 당시 갈라디아의 여러 지인들에게 보냈던 편지 갈라디아서의 1장 11절에. "형제 여러분 내가 여러분에게 알게 합니다만 내가 전한 기쁜 소식은 사람이 만들어 낸 것이 아닙니다."라고 하였습니다.

자신이 말한 기쁜 소식은 자신이 연구한 것이 아니고 전달 받았다는 것입니다.

그럼 누구한테 받았는가? 그 시작점을 12절에서 이어 밝히고 있는데 제가 또 읽겠습니다. "이 기쁜 소식은 내가 사람에게서 받았거나 배운 것이 아니고 예수 그리스도의 계시로 받은 것입니다" 라고 하였습니다. 즉 예수 그리스도가 보여주어서 알게 되었다는 것입니다.

그래서 바울은 이 지식을 전달하지 않고 혼자만 알게 된다면 하나님께 큰 벌을 받게 될 것으로 생각하였습니다(고전 9:16). 자신에게 무슨 지적소유권이 있는 것이 아니었습니다. 신약성경은 27권으로 되어 있는데 그 중 22권이 사도바울을 비롯한 다른 사도들이 각자 지인들에게 기쁜 소식을 전해주는 편지들입니다. 이 편지들을 읽어 보면 편지를 쓴 저자들이 한결같이 시작부분에서 하는 말이 모두 자신들은 단지 심부름꾼이라고 밝히고 있습니다.

그런데 편지를 쓴 사람들, 즉 심부름꾼은 여러 사람인데 그 전달하고자 하는 내용이 다 같으므로 심부름을 시킨 사람은 한 사람이라는 것을 알 수 있습니다. 그 사람이 바로 하나님의 아들이신 예수 그리스도이십니다. 그리고 이 사람 예수 그리스도의 행동과 말을 기술하여 둔 기록이 바로 4복음서라고 하는 마태, 마가, 누가, 요한복음 입니다.

그러므로 예수 그리스도를 가장 직접적으로 알고 싶으면 우선 4복음서를 읽습니다.

그래서 과거 약 2천년 동안 성경이 수많은 민족의 언어로 번역 되어 왔지만 어느 민족의 언어이든지 가장 먼저 번역되는 것이 이들 4복음서 입니다. 한글 성경도 가장 먼저 번역된 것이 누가복음으로 1878년 중국에서 이루어진 것이었습니다. 요약하면 예수 그리스도를 직접 소개 한 복음서와 바울과 같은 사도들이 복음서의 내용을 지인들에 전달하고 있는 편지를 함께 모아 둔 것이 신약성경입니다.

아직 예수 그리스도를 만나지 못한 분은 꼭 신약성경의 4복음서를 먼저 읽어 보시고 그 뒤에 나오는 사도들의 편지들을 읽어 보시기 바랍니다.

바울 사도와 같은 심부름꾼을 통하여 복음을 전달받은 우리들도 이제는 이를 전달할 의무가 있습니다. 우리 역시 단지 받은 것을 전달할 뿐이므로 우리가 인심 쓰듯이 자랑할 것은 없습니다. 단지 전달한 수고로 장차 하늘에서 주 예수님의 칭찬을 듣게 될 것을 기대하고 있을 뿐입니다.

70. 신약 성경의 언어

2016. 08. 08

제 친구 중 미국에서 고대 그리스말 즉 헬라어 교수를 하는 사람이 있는데 그 친구 말은 신약성경을 제대로 이해하려면 신약성경의 원문인 고대 그리스말을 공부해야 한다고 말합니다.

그리스는 지금은 국가 빚이 너무 많아 작년까지만 해도 유럽 국가들 중 가장 큰 문제 국가로 한국 신문에도 자주 등장하였지만 신약시대 때는 비록 로마제국 치하에 있긴 하였지만 서양문화의 한 축이 된 헬레니즘의 중심국가로 문화대국 이었고 이 시대의 그리스어를 헬라어라고도 부릅니다.

저의 또 다른 친구는 비록 그리스어 교수는 아니지만 한글 성경의 단어 선택이 헬라어 원문의 단어를 알고 보면 잘못된 것이 있다고 지적을 하면서 열을 올립니다. 성경말씀도 물론 말의 일종입니다. 그러므로 한 민족의 말을 다른 민족의 말로 번역하면 번역자에 따라 여러 가지 문장이 나오게 됩니다. 그러나 채택된 단어는 전후 문맥을 읽어보면 말하는 사람의 취지는 전달이 되는 것입니다.

예수님께서 땅 끝까지 복음을 전하라고 제자들에게 말씀하시고 승천하셨는데 전지전능하신 하나님의 아들이신 예수님께서 지구상에 수많은 민족이 있고 그 민족들마다 서로 다른 언어가 있다는 것을 모르실 리가 없다고 믿습니다.

저는 사도행전 2장에 나오는 처음 성령 강림 때의 역사를 생각해보며 언어의 의미를 음미해봅니다. 그 오순절 성령 강림의 최대 사건은 바로 유대 갈릴리 출신의 제자들이 하나님의 일을 최소 15개 민족의 언어로 말을 하였다는 것 아닙니까? 즉 초대교회의 시작은 바로 여러 가지 외국어로 시작되었다는 것입니다.

복음을 전달하는 일에 가장 애를 많이 썼던 바울 자신도 항상 그리스 말로만 전달하고 다닌 것이 아닙니다. 바울 자신이 쓴 편지 즉 고린도전서 14장을 읽어보면 바울이 여러 가지 외국어를 할 수 있음을 하나님께 감사한다는 말도 있고 교회에서 통역이 필요했다는 것도 알 수 있습니다. 알고 보면 예수님 자신이 하셨던 말씀도 그리스말이 아니었습니다.

예수님께서는 당시 중동지역 서민들에게 통용되었던 아람 말로 말씀하셨습니다.

이상의 모든 사실로 미루어 볼 때 우리 주님께서는 복음의 전파를 어느 특정 언어에 무슨 독점권을 주신 것은 아니라고 생각합니다. 물론 언어학을 전공하는 학자들이 헬라어나 히브리어를 공부하는 것은 다른 모든 학문처럼 각자의 영역에서 의미가 있겠지만 어느 민족이나 자기 말로 번역된 읽기 쉬운 성경을 읽으면서 기쁜 소식을 받아 누리는 것이 하나님의 은혜라고 믿습니다.

71. 성경 읽기

2016. 08. 15

어느 학자가 책을 집필하여 그 책을 출판까지 하였는데 수개월이 지난 후에 노모한테 전화를 받고 보니 그 책을 다 읽어보셨다는 것입니다. 깜짝 놀란 그 학자가 "아니 어머니께서 어떻게 그 책을 다 읽으셨습니까? 젊은 사람들도 읽기 힘든 책인데요." 라고 말하자 어머니께서 하시는 말씀이 "아들아 나라도 네 책을 읽어야지 그럼 누가 네 책을 읽어보겠느냐?" 어머니의 그 말을 들은 그 학자는 새삼 어머니에게 얼마나 감동을 받았겠습니까?

이 이야기는 누가 유머로 만들어 낸 이야기 같지만 다음 이야기는 실제로 있었던 일입니다. 어느 직장인이 해외출장을 다녀오면서 같은 사무실의 동료들에게 선물을 하나씩 주었는데 동료 중 한 명이 수 주가 지난 후에도 그 선물 포장을 뜯지도 않고 방치해두는 것을 보고 심히 무시당한 기분을 느꼈다고 합니다.

저도 학창 시절에 연애편지를 꽤나 많이 주고받곤 하였는데 언제 우편배달부가 오나 하고 애타게 기다리다가 받은 편지를 읽는 기쁨이란 정말 컸었다고 기억합니다.

17세기 네덜란드 화가 버미어는 집안일을 하고 있던 여인이 멀리서 온 편지를 일손을 멈추고 혼자서 읽고 있는 모습을 그렸는데 그 모습만 보아도 그 편지가 얼마나 귀중할 까 하는 상상이 될 정도입니다. 만약 먼 외국의 전쟁터에서 보내온 남편의 편지를 읽어볼 생각도 하지 않고 방치해 버린다면 얼마나 끔찍한 일일까요.

저는 우리가 성경을 읽지 않는다면 비록 다른 잘못이 없다고 해도 성경을 읽어보지 않았다는 이유 하나로서 장차 하나님의 진노하심을 받기에 충분하다는 생각이 듭니다. 땅 끝까지 복음을 전하라는 말씀에 의해 생각해보면 하나님께서는 분명 21세기에 살고 있는 우리들까지 마음속에 두시고 사도들로 하여금 성경을 쓰도록 하셨다고 믿습니다.

사도들은 이를 위해 얼마나 고생을 하였는지 모릅니다. 냉난방이 갖추어진 호텔 방에서 커피 마시면서 집필한 것이 아니었습니다.

에베소서, 빌립보서, 골로새서, 빌레몬서처럼 로마의 감옥에서 쓴 것은 옥중 서신으로 유명합니다. 그러나 비록 감옥을 벗어나 여행 중에 쓴 것들이라고 해도 그 여행길이 어떠하였는가를 고린도 후서 11장에서 시간상, 그 일부만 읽어 보겠습니다. "나는 여러번 여행하면서 강과 강도와 동족과 이방인들과 도시와 광야와 바다의 위험을 당하였습니다. 수고하고 애쓰며 뜬눈으로 밤을 지새운 적도 여러번이었고, 주리고 목마르며 수없이 굶고 추위에 떨며 헐벗기도 하였습니다."

이러한 고난을 겪어 기록되고 전달된 것이 지금 우리들의 집안에 있는 성경책이라는 책인데 이 책을 읽지도 않고 그냥 버려두고 있는 사람이 또 얼마나 많은지 모르겠습니다.

72. 사소한 일

2016. 08. 22

제가 대학교 다닐 때 같은 과에 친구들 평균 연령보다 한 세살쯤 더 많은 형이 있었습니다.

나이는 조금 많았지만 분위기가 좋아서 모두들 함께 잘 어울리고 즐거운 학창시절을 보냈습니다.

그런데 이 형이 과 친구들에게 하는 말이 누구든지 돈이 없으면 자기가 빌려주겠다고 하는 것이었습니다. 그때나 지금이나 젊은이들은 항상 용돈이 부족하지 않겠습니까? 그래서 2만원이고 3만원이고 빌려달라고 하면 시시하게 무슨 그런 소액을 말하느냐고 하면서 최소 100만원 이상을 빌려가라고 말합니다. 그래서 100만원을 빌려주라고 말하면 100만원 이상은 담보가 필요하다고 말합니다. 결국은 단 돈 만원도 빌려준 적이 없습니다.

세월이 지나 그 형은 수년 전에 작고를 하였지만 제가 50년 전에 들었던 그 형의 우스갯소리가 지금도 생각납니다. 사실 그 때 친구들이 정작 필요한 것은 2, 3만원의 소액이었습니다. 100만원 이상의 돈은 아직 부모님의 소관이었기 때문이었습니다.

요한 1서 4장 20절에 나오는 사도 요한의 충고는 우리 신자들이 매일 기억해야 할 말씀이라고 믿습니다. 눈에 보이는 형제를 사랑하지 못하는 사람이 보이지 않는 하나님을 사랑할 수는 없다는 말씀입니다. 누가복음 16장 10절에서 우리 주 예수님께서는 아주 작은 일에 충실하지 못한 사람은 큰 것에도 충실하지 못하고 또 작은 일에 정직하지 못하면 큰일에도 정직하지 못하다고 말씀하셨습니다.

갈라디아서 5장 10절에서 바울 사도는 기회가 있을 때 마다 모든 사람에게 선한 일을 하라고 당부하고 있습니다. 그러니까 꼭 100만원 이상의 좋은 일만 하려고 하지 말고 2만원, 3만원짜리 좋은 일도 기회가 있는 대로 하라는 말씀이지 않겠습니까? 2,3만원이 아니고, 2,3천원 짜리라도, 아니면 돈 한푼 들지 않는 일이라도 기회가 있을 때마다 사람들에게 선한 일을 하는 것이 우리 주님께서 바라시는 일이라고 믿습니다.

지난 7월2일에 작고한 노벨 평화상 수상자 엘리 비젤의 말을 제가 지난 6월에 이 시간에 소개한 바 있습니다. 그 첫 부분이 사랑의 반대는 증오가 아니라 무관심이라는 것이었습니다. 단순히 말의 뜻대로만 한다면 사랑의 반대는 당연히 증오가 맞을 것입니다. 그러나 우리가 사는 동안 다른 사람을 아주 사무치게 미워할 할 기회가 얼마나 있겠습니까?

그러나 남에게 얼마든지 할 수 있는 아주 작은 선한 일을 그냥 지나쳐버리는 경우는 날마다 일어나고 있는지 도 모릅니다. 우리 주 예수님을 기쁘게 해 드릴 수 있는 기회가 하루에도 몇 번씩 있지 않을까요.

73. 믿음을 어떻게 알겠는가?

2016. 08. 29

믿음이 있어야 구원을 받는다는 말을 수없이 듣고 있습니다. 또 저 사람은 믿음이 좋다, 믿음이 약하다 등등 믿음의 정도에 대하여도 많이도 듣고 있는데 누가 믿음이 있는지 없는지 어떻게 알 수 있나요.

믿음이란 정신적인 것이니까 믿음 그 자체는 다른 사람의 눈에 보이는 것은 아닐 것 같습니다. 그렇다면 믿음을 평가하는 것도 우리나라 고위 공직자의 재산 자진신고처럼 그냥 자진신고 대상일 수밖에 없을까요? 즉 본인이 믿음이 있다고 말하면 그냥 그 신고내용대로 접수하는 것일까요? 그런데 공직자의 재산신고도 종종 허위신고가 있다는 신문보도를 보게 됩니다.

믿음은 정신적인 것이어서 눈에 보이지는 않습니다. 그러나 표현되지 않는 믿음은 있으나 마나하여 효과가 없습니다. 구약시대 때 고대 이스라엘 민족은 할례의식이라는 것을 행하여 "할례받은 하나님의 백성"이라는 대단한 프라이드를 가지고 있었는데, 사람은 한번 가치관이 고정되면 이것을 바꾸는 것이 대단히 어려운가봅니다. 그래서 하나님의 아들이신 예수 그리스도보다 이 할례를 더욱 자랑하면서 큰 문제를 일으키게 되었습니다(갈라디아서 5장).

비유를 들어 설명한다면 어떤 사람이 멀리 있는 자기 아들에게 아버지를 기억하라고 사진 한 장을 보내주었는데 그 아들이 그 사진을 귀중하게 여긴 나머지 액자에 넣어 방에 걸어 놓고서 매일 보는 것 까지는 좋았으나 그 후에 아버지가 자기 집에 오셨는데도 아버지는 상대도 하지 않고 방에 걸린 액자를 향하여 경례만 하고 있다면 참으로 어이없는 일이 아니겠습니까? 집에 오신 아버지를 진정 아버지라고 믿는다면 사진이야 집안에 있어도 좋고 없어도 좋은 그러한 것 아니겠습니까?

그리고 아버지에게 직접 안마도 해 드리고 같이 여행도 하고 같이 즐겁게 먹고 마시는 것 아니겠습니까. 그런데 만약 아들이 아버지에게 물 한잔 대접도 하지 않고 누구신데 무슨 일로 남의 집에 왔냐고 묻는다면 이것은 그 아들이 자기 앞에 서 있는 아버지를 아버지라고 믿지 않기 때문일 것입니다.

지금까지 말한 것을 요약하면 믿음이라는 것은 아무리 눈에 보이지 않는 정신이라고 하지만 표현이 될 때에 의미가 있다는 것입니다. 그럼 구원에 이르는 믿음이란, 신약성경이 말하는 믿음이란, 예수 그리스도가 말하는 믿음이란, 어떻게 표현이 되어야 할까요?

예수 그리스도의 사도 바울이 말한 것을 소개합니다.

갈라디아서 5장 6절입니다. "그리스도 안에서는 할례를 받고 안 받는 것이 문제가 아니라 사랑으로 표현되는 믿음만이 중요합니다." 우리가 아무리 믿음이라는 것을 많이 말하여도 사랑으로 표현되는 믿음만이 의미가 있다는 사도의 말을 깊이 기억하여야 할 것입니다.

74. 찬송가의 만사형통

2016. 09. 05

"나의 갈길 다 가도록 예수 인도하시니" 이렇게 시작하는 찬송가 384장은 아마 한국교인이 가장 많이 부르는 찬송가중의 하나 일 것입니다.

이 찬송 시는 일생 맹인으로 살면서 약2천곡 이상의 찬송시를 생전에 지은 미국의 여류시인 크로스비 여사의 찬송 시입니다. 우리나라 찬송가에도 21개가 크로스비 여사의 찬송 시가 있습니다.

나의 갈 길 다 가도록 예수 인도하시니 정말 얼마나 좋은 뜻입니까? 이 찬송가는 1,2,3절이 모두 나의 갈 길 다 가도록 예수 인도하시니 라고 시작합니다. 정말 우리 신자의 일생은 예수님께서 인도하시는 대로만 가면 가장 좋을 것이며 또 다른 길은 생각할 수도 없습니다.

그런데 이 찬송의 1절을 마칠 때는 "무슨 일을 만나든지 만사형통 하리라 무슨 일을 만나든지 만사형통 하리라" 하면서 만사형통이 두 번 되풀이 되고 있습니다. 그럼 만사형통하다는 말이 무슨 뜻입니까? 모든 것이 뜻대로 잘 된다는 것 아닙니까? 그런데 여기에서 꼭 짚고 넘어 가야 할 것이 있는데 뜻대로 될 때 그 뜻이 과연 누구의 뜻인가 하는 문제입니다.

가장 먼저 떠오르는 생각은 두말 할 필요도 없이 말하는 사람의 뜻, 즉 찬송가를 부르고 있는 사람의 뜻으로 생각이 됩니다. 찬송가를 부르면서 무슨 일을 만나든지 만사형통하리라는 믿음을 가지게 되면 걱정근심도 다 사라지고 마음이 즐거워질 것 같습니다.

그런데 이 대목의 크로스비여사의 원래 찬송 시는 Jesus does all things well 이라고 하였습니다. 즉 예수님께서 모든 일을 잘 하신다는 것입니다. 그러니까 시인의 의도는 예수님께 맡기겠다는 것 아닙니까? 아주 큰 차이가 있습니다. 만사형통하리라고 하면 자기가 원하는 것이 뜻대로 다 이루어 질 것이라고 생각하게 됩니다.

이 찬송 384장 1절의 마지막 두 소절 번역은 만사형통만 있고 예수님이 빠져 버린 것이 문제라고 생각합니다. 믿음으로 사는 자는 항상 예수님의 뜻대로 살고 있을 것이니 구태여 예수라는 이름을 넣을 필요가 없다고 주장하면 저로서는 할 말이 없습니다.

그러나 무슨 일을 만나든지 만사 형통 하리라는 가사대신에 "무슨 일을 만나든지 주님 알아 하시네" 라고 하는 것이 시인의 취지에 맞는 가사가 될 것이라고 생각합니다.

문학작품 중 시를 번역한다는 것이야 말로 쉬운 일이 아니라고 새삼 느껴집니다.

75. 지혜로운 인간

2016. 09. 12

이른바 IT 강국, 즉 정보통신의 강국이 된 오늘날 대한민국은 스마트폰과 보통 내비게이터라고 부르는 자동차의 GPS가 보편화 되어 있습니다.

GPS는 글로벌 포지선닝 시스템의 약자이니까 지구상 위치 파악 시스템을 말합니다. 이전에는 운전자가 현재 자기 위치를 알아보려면 지나가는 사람에게 여기가 어디냐고 물어보는 수밖에 없었는데 지금은 자신이 지구상 어느 위치에 있는가를 운전을 하면서 GPS를 보고 바로 바로 알 수가 있습니다.

목적지까지 거리가 몇 킬로미터 남아있는가도 다 알 수 있습니다. 그런데 인간의 활동은 공간상 활동만 있는 것이 아닙니다. 즉 지구상의 자기 위치만 중요한 것이 아닙니다. 벤자민 프랭클린이 말 한대로 인생이란 시간으로 되어있습니다. 사실 아무리 넓은 땅을 소유하고 집 평수가 넓어도 단명한 사람을 누가 부러워하겠습니까?

현재 한국 신문의 중요한 제목이 저출산 문제인데 저출산 문제는 곧바로 집이라도 있어야 결혼을 할 수 있다는 말로 연결됩니다. 그런데 그 집이라는 것이 결국은 공간문제입니다. 공간 걱정만 하다 보니 그 사이에 시간이 지나가고 있다는 사실을 간과하게 됩니다.

간과라는 말은 큰 관심 없이 대강보아 넘긴다는 뜻입니다.

시간이 지나가고 있다는 사실이야 누가 모르겠습니까? 그래서 현재 길바닥에 누워 자는 것도 아닌데 결혼할 여건이 아직 안되었다고 생각하면서 시간이 지나가버리는 것을 간과합니다. 더구나 무슨 100세시대가 되었다는 황당한 소문 때문에 국민들이 막연하나마 100세시대가 자신들에게 해당되는 것처럼 착각하고 있는 것같이 보입니다.

구약성경 시편 90편에 "우리에게 우리 날 계수함을 가르치사 지혜의 마음을 얻게 하소서" 라고 시인이 말한 대목이 있습니다." 날자 수를 세어보는 능력이란 것은 공간에 대해 알아보는 것이 아니고 시간에 대해 알아보는 것입니다. 자기 땅이 몇 평이나 되고 집 평수가 얼마나 넓은가를 아는 것 보다 자기 인생의 날이 얼마나 빨리 지나가고 있는가를 아는 것이 지혜로운 마음에 도달하는 길이라는 것입니다.

정말 우리는 100㎞, 500㎞ 전방은 GPS을 이용하여 알 수가 있지만 바로 내일 일은 지금 한국 사람이나 천 년 전 고려 사람이나 마찬가지로 여전히 알 수가 없습니다. 땅 위에서 즉 공간에서 우리는 왔다 갔다, 몇 번이고 반복할 수가 있지만 시간은 한 번 통과해버리면 절대로 다시 돌이킬 수가 없습니다. 무슨 일이나 그 일에 적합한 때가 있고 끝나는 때가 있습니다.

이번 추석 명절 연휴기간에는 공간 여행만 하실 것이 아니고 시간의 주인 즉 생명의 주인되시는 하나님과도 더욱 친해지면서 우리의 땅위의 시간도 또 그 후의 시간도 생각해보시길 바랍니다.

76. 천국

2016. 09. 19

우리 속담에 콩으로 메주를 쑨다해도 믿지 않는다는 말이 있습니다. 이 말은 평소에 거짓말을 자주하여 믿을 수 없는 사람은 그 사람이 무슨 말을 하든지 믿지 않는다는 뜻입니다. 그 반대 속담도 있습니다.

팥으로 메주를 쑨다해도 믿는다는 것입니다. 이 말은 평소에 믿음을 주는 사람은 거짓말을 해도 믿는다는 뜻입니다. 이와 같이 사람들은 무슨 사건이든지 그 말을 전하는 사람에 따라 믿기도 하고 믿지 않기도 하면서 살고 있습니다. 그래서 개인이나 국가나 소위 신용도라는 것이 아주 중요합니다. 당장 살림살이가 어려워도 신용도가 높은 개인이나 국가는 투자 유치가 가능하여 다시 일어날 수가 있습니다.

사람은 누구나 장래에 대한 희망으로 살고 있습니다.

비록 희망이라는 단어를 모른다고 해도 내일이 있다고 믿기 때문에 누구나 오늘 열심히 일을 하고 있습니다. 지금 국가적으로 문제가 되고 있는 청년 실업이라는 것도 좋든 나쁘든 내일이 있기 때문에 문제가 되는 것입니다. 만일 오늘 밤에 한국 국민이 전부 죽어버린다면 청년 실업이고 북한 핵실험이고 무엇이고 간에 걱정할 대상이 되지 않습니다.

그런데 내일의 희망에 대하여 가장 많이 말을 하는 사람은 아마도 정치가들일 것입니다.

저는 약 8년 전쯤 당시 대통령이 임기 중에 종합주가 지수가 3,000인가 5,000이 될 것이라고 말했던 것도 기억납니다. 이유가 무엇이 되었든지 장래에 대한 정치가들의 말을 국민들이 얼마나 믿고 있는지 모르겠습니다. 이상 언급한 메주 이야기나 정치가 이야기는 메주와 정치가를 말하고자 함이 아니고 사람이 사는 동안 믿을 수 있는 사람을 만나는 것이 중요하고도 중요하다는 이야기를 하고 싶어서입니다.

제가 매주 월요일 밤 이 시간에 말하는 내용은 언제나 예수 그리스도와 성경에 대한 것입니다. 오늘 밤에도 예수 그리스도에 대한 이야기를 하겠습니다.

저는 천국을 믿습니다. 사람이 이 세상에서 죽은 후에 가는 천국과 지옥이 있다고 믿습니다. 유감이지만 저의 지인들은 대부분 천국과 지옥을 믿지 않는 것 같습니다. 제가 천국과 지옥이 있다고 믿는 것은 제가 천국을 갔다 왔기 때문이 아닙니다. 이 역사 세계에서 믿을 만한 사람이었던 예수 그리스도가 한 말이었기 때문에 믿습니다. 즉 예수를 믿기 때문에 그가 말한 천국도 믿습니다.

신약성경에 나타난 그의 말과 행동을 살펴보면 그 사람은 거짓말을 한 적이 없습니다.

심지어는 본인이 십자가에서 죽게 되면 3일 만에 부활한다고 하였는데 그 말까지 지키신 것을 보면 그가 말했던 천국과 지옥도 틀림없이 있을 것으로 믿습니다.

77. 아브라함의 신앙

2016.09.26

신구약 성경을 통털어 믿음의 아버지라고 하는 구약시대의 아브라함이 있습니다.

이 아브라함을 말할 때 대표적으로 소개되는 말이 100세에 얻은 아들을 하나님께 제물로 바칠 정도로 하나님께 순종하였다는 것입니다. 그러나 창세기 12장부터 25장까지 22페이지에 걸쳐 소개된 그의 일생을 살펴보면 하나님께 순종하였다는 말보다 하나님을 무서워하였다는 것이 적절한 표현이라고 생각합니다.

아브라함이 이집트로 내려갔을 때 자신의 안전을 위하여 미모의 자기 아내를 이집트의 바로 왕에게 주었던 행동에 대하여 아브라함도 자기 생명이 아까운 줄 아는 인간미도 있고 연약한 사람이었다고 말합니다. 그러나 고향을 떠나라는 하나님의 뜻을 따라 이집트까지 갔다면 최소한 하나님에게 자기 아내와 자기 생명을 위하여 기도라도 한번은 해봤어야 하지 않았겠습니까?

그러나 아브라함은 기도하는 대신에 스스로 생각해낸 방법이란 것이 아내를 바로왕에게 선심용으로 주는 것 이었습니다. 그런데 아브라함은 이 방법이 아주 좋다고 생각했는지 이집트를 떠난 후에 그랄 왕 아비멜렉에게 그 방법을 또 한번 이용하였습니다.

이러한 아브라함의 남편으로서, 남자로서, 비겁한 행동이 어디서 왔을까요? 그것은 결국 하나님에 대한 두려움 때문이었습니다. 두려움이 인간에게 어떻게 작용하는가를 알고 싶으면 마론 부란도와 알파치노가 주연한 영화 대부가 많이 참고가 될 것입니다. 마피아의 그 세계에서는 보스의 명령에 무슨 토를 달수가 없습니다. 명령을 수행하기 위하여 밤을 새든, 변장을 하든, 죽은 시늉을 하든, 아니면 지나가는 사람까지 죽이든지, 하여튼 알아서 하는 것입니다.

당연히 자신의 체면 같은 것은 생각할 수도 없습니다. 그만큼 보스가 두렵고 보스의 지시가 절대적인 것입니다. 이와 같이 아브라함도 자기 아내를 왕에게 선물하였다는 비난이나 자식을 죽인 비정한 아버지라는 비난은 단지 자신이 감당하여야 할 문제이지 절대 명령자 하나님께 무슨 토를 달 수가 없었습니다. 그래서 아브라함이 아들 이삭의 목에 칼을 대려고 한 순간 하나님의 천사가 했던 말이 무엇이었습니까?

"네가 하나 밖에 없는 아들까지 아끼지 않는 것을 보니 정말 하나님을 두려워하는지 알겠구나"하는 것이었습니다. 사실 100세에 얻었다는 아들 이삭도 아브라함이 하나님께 기도하여 부탁하여 얻은 것도 아니었습니다. 아브라함은 인간적인 방법으로 계집종에게서 겨우 얻은 아들로 만족하려고 하였습니다.

즉 아브라함은 하나님께 상속자 자식을 낳게 해달라고 감히 기도조차 하지 못할 정도로 하나님을 두려워하였습니다. 아브라함이 하나님께 대하여 한 것이라고는 단을 쌓아 제사를 드리는 것과 지시대로 하는 것 뿐이었습니다. 자녀들의 대학 입시에 사업 성공까지 부탁하는 지금의 신자들과는 너무나 대조적인 태도이었습니다.

78. 너무 늙기 전에

효도는 부모님이 살아계실 때 하라는 말이 있습니다.

그런데 살아계실 때라고 하였으니 돌아가시기 전에 효도하면 될 것 같으나 실제는 그렇게 간단하지가 않습니다. 돌아가시기 전에 늙고 병들고 또 의식마저 없어지는 그러한 시기가 있습니다. 부모님께 따듯한 밥 한 상이라도 지어드리고 싶으나 병원에 입원하여 링거주사만 맞고 눈도 뜨지 못하시는 부모님께는 그 밥상이 아무런 의미가 없습니다.

비록 눈은 뜨고 계신다고 해도 앉아있기도 힘드신 부모님에게 서울구경과 제주도 관광이 무슨 의미가 있겠습니까. 그러니까 효도를 하고 싶으면 부모님이 아직 건강하실 때 하룻밤이라도 같은 방에서 잠이라도 같이 자면서 대화를 나누는 것이 좋습니다.

인생은 역시 생로병사로 요약 할 수 있습니다.

생(生)과 사(死) 사이에 있는 늙고 병드는 것은 인생이 피할 수가 없습니다. 그런데 늙고 병드는 것은 부모님에게만 해당되는 것이 아니고 우리 자신들도 해당됩니다. 부모님 생전에 효도 한 번 해보려고 했는데 시기를 놓쳐 버려 한탄하듯이, 자신도 항상 오늘처럼 지낼 것으로 믿고 있다가 시기를 놓쳐 버리는 일이 있는데 그것은 바로 창조주 하나님을 찾아보는 일입니다.

하나님이라는 대상은 있지도 않기 때문에 당연히 찾을 필요도 없다고 생각하시는 분에게는 제가 더 이상 할 말이 없습니다. 그러나 언젠가는, 직장을 그만 둔 뒤에, 그때 가서 한 번 생각해 봐야겠다고 생각하시는 분에게는 지혜의 왕 솔로몬이 고백했던 말을 소개하고 싶습니다.

구약성경 전도서 즉 솔로몬의 인생론 12장 1, 2절입니다. "너는 아직 젊을 때, 곧 고난의 날이 오기 전에, 아무 낙이 없다고 말할 때가 되기 전에 너의 창조자를 기억하라, 네가 너무 늙어 해와 달과 별이 보이지 않고 슬픔이 떠날 날이 없을 때 그를 기억하려고 하면 늦을 것이다." 라는 말씀입니다. 이 후 3절 이하에는 눈이 어두워지고 귀가 어두워지는 노년의 증상이 계속 열거되고 있습니다.

제가 아는 한 친구는 오래 전부터 성경을 사주면서 읽어 보라고 여러 번 말하였으나 일 년에 몇 차례 저하고 만나는 시간에만 한 페이지를 읽어보고 덮어버립니다. 그랬던 친구가 이제 와서 하는 말이 이제는 눈이 아파서 책을 읽을 수가 없다고 말합니다. 아무리 머리가 좋았어도 뇌종양으로 두통이 생기면 공부하기가 어렵습니다.

이와 비슷하게 사람이 늙고 병에 들어 성경을 읽지도 듣지도 못하게 되면 믿음을 얻기도 어렵고 있었던 믿음도 희미하여 집니다. 솔로몬 왕이 말한대로 창조주 하나님은 항상 계시지만 인간이 그를 기억하려고 하는 것은 늦기 전에 해야 할 것입니다. 하나님을 찾는 것도 다른 학과 공부나 마찬가지로 한 살이라도 더 젊었을 때 하는 것이 좋습니다.

79. 종교 간의 차이

2016. 10. 10

 건배사는 술좌석에서 서로 잔을 들어 축하하거나 건강 또는 행운을 비는 말로서 재미있는 말들도 많이 있습니다. 건배라는 말이 잔을 비운다는 말이니까 꼭 술이 아니더라도 물을 마시든 오렌지주스를 마시든 대개 좌석의 연장자가 건배사를 합니다.

 신자들의 모임에서는 하나님께 감사기도를 드리고 식사를 시작하지만 일반인들의 회식모임에서는 건배 순서가 대개 있습니다. 지금까지 제가 들었던 건배사 중 기억나는 것은 "인사불성"입니다. 인사불성의 진짜 뜻은 청취자들께서 아시는 대로 "자기 몸에 벌어지는 일을 모를 만큼 정신을 잃은 상태"이니까 술을 마음껏 마시자는 뜻 같지만 제가 방금 소개한 인사불성은 "인간을 사랑하라는 말씀은 성경에도 있고 불경에도 있다"는 뜻이랍니다.

 건배자가 일단 이 사자성어의 뜻풀이를 한 후에 잔을 들고서 인사! 하고 외치면 회원들이 불성! 하고 제창을 합니다. 일반인들의 건배사로서는 참 재미있고 내용도 훌륭합니다. 그런데 이 건배사에서 나타나는 대로 많은 사람들이 종교는 다 그 목적이 같으니까 어느 종교나 믿으면 될 것인데 왜 예수 믿는 사람들은 예수만 믿으라고 하는지 모르겠다고 반문을 많이 합니다. 사실 기독교나 불교나 이슬람교나 또 그 외의 종교도 다 이웃을 사랑하라는 교훈이 있습니다. 그런데 종교마다 다 훌륭한 가르침이 공통적으로 있다고 해서 차이점이 없는 것은 아닙니다.

공통점과 차이점에 대하여 예를 하나 들어보겠는데 애청자 여러분께서는 어떻게 생각하실지 모르겠습니다. 결혼한 남자들이 때때로 하는 말이 여자는 다 똑같다고 말합니다. 사실 자기 아내와 이웃집 아내를 엄밀하게 냉정히 비교해 보면 다른 점보다 같은 점이 훨씬 더 많을 것입니다. 두 여인이 똑같이 한국어를 사용하며 간, 허파, 신장, 피부, 뇌, 등을 같이 가지고 있으며, 때로는 혈액형도 같아서 헌혈까지 해 줄 수도 있습니다.

다니는 미용실도 같고, 체내의 신진 대사하는 생화학적 반응도 같고 거래은행도 아니 은행 금융상품까지 이루 셀 수도 없이 같은 점이 많이 있습니다. 그럼에도 불구하고 자기 아내가 이웃집 아내와 같은 여자일까요.? 만약 다르다면 무엇이 다를까요? 가장 중요한 것 한가지만 말해보면 이웃집 아내는 자기에게 관심이 없다는 것입니다.

예수 그리스도를 믿는 종교가 다른 종교와 다른 점은 교주가 신자들을 개인적으로 사랑해주는 것입니다. 상대를 사랑하기 위하여 절대 필수적인 것은 사랑을 주는 그 사람이 살아있어야 한다는 것입니다. 그래서 예수교의 핵심은 십자가에서 죽으셨던 예수가 부활하여 지금도 살아계신다는 사실입니다.

애청자 여러분. 신약성경을 몇 번이고 자세히 읽어보시고 지금도 살아계시는 예수 그리스도를 찾아 만나시길 바랍니다.

80. 믿음이라는 것

2016. 10. 17

제가 3년 전에 갈라디아서를 읽읍시다. 라는 책을 그 책의 저자 목사님께 선물 받아 읽었습니다. 그 목사님께서 자신의 경험을 하나 소개하고 있었는데 다음과 같습니다. 교회 고등부 학생들에게 "당신은 구원을 받았습니까?, 왜 그렇게 생각합니까?" 라는 설문 조사를 하였답니다.

학생들의 답변을 듣고 큰 감명을 받으셨는데 30명이 넘는 학생들 중에서 구원을 받았다고 대답한 학생은 세 명뿐이었고 놀라운 것은 믿음도 좋고 성실히 신앙생활을 하는 것 같던 학생들이 대부분 구원의 확신이 없었다는 것이었습니다. 너무 뜻밖이어서 답변을 살펴보니 구원의 확신이 있는 학생과 그렇지 못한 학생의 차이는 누구를 보고 있느냐의 차이었답니다.

구원의 확신이 없는 학생의 답변은 "나는 믿음이 약하니까, 또는 나는 교회에 나온 지가 얼마 안되니까 나는 죄를 많이 지었으니까" 하는 답이었고 구원의 확신이 있는 학생의 답변은 "하나님이 나를 사랑하시니까 또는 예수님이 나를 위해 죽으셨으니까"라는 것이었답니다. 저 역시 그 목사님의 경험담을 듣고서 많이 동감을 하였습니다.

정말 자기는 믿음이 약하다고 생각하는 사람이 언제 믿음이 강해질 수 있을까요?

이에 대한 저의 생각은 부정적입니다. 왜냐 하면 자신의 믿음이 강한가, 약한가를 생각하는 사람은 결국 보고 있는 대상이 자기 자신이기 때문입니다. 사람은 자기 믿음 때문에 구원받는 것이 아니고 예수 그리스도 때문에 구원을 받습니다.

바울사도께서 갈라디아 교인들이 율법의 행위에 빠져있는 것을 책망하였는데 지금은 율법의 행위보다 더욱 골치 아프고 상대하기 어려운 문제가 등장한 것 같습니다. 믿음만이, 믿음만이 하면서 자신의 믿음을 생각하면서 오히려 예수님은 희미하여 지는 것입니다.

바울사도가 당시 교인들이 율법의 행위에 빠지는 것을 책망하는 갈라디아서 3장은 "어리석도다, 갈라디아 사람들아, 예수 그리스도께서 십자가에 못 박히신 것이 너희 눈앞에 밝히 보이거늘 " 하고 시작합니다. 즉 우리 눈앞에 밝히 보여야 할 것은 예수 그리스도이고 자신들의 믿음이 아닙니다.

복음서를 읽어보면 예수님께서 자기를 믿어주는 사람들을 칭찬하시고 죄 사함을 주셨는데, 여기에서 알 수 있는 바와 같이 우리에게 믿음이 있나 없나 하는 것은 주님께서 판단하실 것이고, 우리가 판단할 것이 아닙니다.

우리는 단지 예수가 눈에 보이는가 보이지 않는가에만 신경을 써야 할 것입니다. (3장, 18p 참고)

81. 주님 찾아 오셨네.

2016. 10. 24

13세기, 그러니까 지금부터 약 800년 전에 이란의 시인 잘랄루딘 루미가 지은 "봄의 정원으로 오라"는 시가 있습니다. 지리적으로나 역사적으로나 현재 한국 사람과는 한참이나 멀고 먼 나라사람이지만 그 시가 번역되어 우리나라의 웬만한 서점이나 인터넷에서 어렵지 않게 찾아 볼 수가 있습니다.

한번 읽어 보겠습니다.

"봄의 정원으로 오라, 이곳에 꽃과 술과 촛불이 있으니 만일 당신이 오지 않는다면 이것들이 무슨 의미가 있는가. 그리고 만일 당신이 온다면 이것들이 또한 무슨 의미가 있는가." 이것이 전부입니다.

사랑하는 사람의 중요성을 얼마나 간결하게 잘 표현하였는지 모릅니다. 전반부에서 하는 말, 즉 꽃과 술과 촛불이 있어도 당신이 없으면 허전하고 의미가 없다고 하는 것은 보통 할 수 있는 말입니다. 그러나 후반부에서 하는 말, 즉 당신이 있으면 이것들이 다 있으나 마나 하는 존재로 무가치하게 되어버린다는 말이 너무 감동이지 않습니까?

결론은 오직 즐거움은 당신뿐이라는 것입니다. 당신이 있으면 촛불이 꺼져버리고 꽃도 시들어버리고 술도 다 없어져버려도 충분히 행복하다는 말이지 않겠습니까?

오늘 밤에는 찬송가 534장을 잠시 음미해보겠습니다.

우리 한국교인들이 아주 잘 아는 대표적인 찬송가 입니다. 주님 찾아 오셨네, 모시어 들이세. 하고 시작합니다. 이 찬송가 2절 후반부는 이렇게 끝이 납니다. 우리 구주 모시어 영원복락 누리세 모시어 들이세" 그런데 바로 이 대목, 우리구주 모시고 영원복락누리세의 원래 영문 시는 With your savior, guardian guide, you will ever be satisfied. 입니다.

그러니까 원래 시인의 뜻대로 한다면 "우리 구주 계시니 항상 만족해하세 모시어 들이세" 가 맞습니다. "영원복락 누리세"가 아닙니다.

이렇게 고쳐두고 보니 이란 시인 루미가 사랑하는 님에게 바치는 그 노래의 후반부와 사뭇 같은 수준으로 우리 구주 예수를 좋아하는 마음이 나타나는 것 같습니다.

물론 영생과 복락은 당연히 있어야 합니다.

그러나 주 예수님을 영접한다는 찬송을 부를 때는 원작의 시인과 같이 주 예수님 그 분만 나타나는 것이 좋을 것 같습니다. 주님을 찬송한다고 하면서 찬송할 때 마다 복을 주시는 주님을 찬송한다고 하면 우리 주님께서 혹시라도 저 한국 사람들이 나를 찬송은 하고 있지만 그 저의가 무엇인지 모르겠구나 하고 생각 하실 것 같습니다.

82. 영화 "밀양"

2016. 10. 31

약10년 전 2007년도에 개봉되어 많은 화제를 불러일으킨 전도연, 송강호 주연 영화 밀양이 있습니다. 그 영화에 대한 수천 건의 감상문들이 인터넷에 올라 와 있는데 그 중 다음과 같은 말도 있습니다. "정말 많이 생각하게 만든 영화다. 교회를 광적으로 섬기다가 종교의 부질없음을 깨달은 나로서는 정말 마음에 와 닿는 영화다."

저는 이 네티즌의 의견에 동감을 하면서 한편 마음이 아픈 것을 금할 수가 없습니다.

짧은 글이지만 그 네티즌이 한 말의 키워드 즉 핵심 단어는 교회와 종교입니다. 제가 읽어 본 많은 감상문들이 모두 교회와 종교에 대하여 말하고 있습니다. 예수 그리스도에 대한 말은 없었습니다. 사실 그 영화 자체가 교회와 종교와 인생살이가 줄거리를 이루고 있지만 예수님에 대한 이야기는 당연히 한 장면도 나오지 않습니다.

우리들은 많은 문학작품과 영화들을 보면서 교회도 알 수 있고 종교도 알 수 있을 것입니다. 그런데 교회와 종교는 시대마다 나라마다 차이가 있습니다. 교회의 분위기는 한국교회, 일본교회, 미국교회가 서로 다르고 같은 한국교회라고 하여도 1910년대의 한국교회와 2010년대의 한국교회가 다릅니다. 그러나 약 2000년 전에 이 지구상에 오셨던 예수 그리스도는 그

때나 지금이나 전혀 변함이 없으십니다.

시대와 지역의 차이를 초월하여 변함없으신 분이 예수 그리스도이시고 이 분을 알아보려면 신약성경을 읽어보는 것입니다.

참으로 안타까운 일은 오늘날 많은 한국 사람들이 긍정적이든 부정적이든 교회이야기는 많이 하면서 정작 예수 그리스도와 그의 사도들에 대한 이야기에는 관심이 없다는 것입니다. 영화 밀양의 여자 주인공과 남자 주인공도 교회에서 봉사까지 열심히 하는 교인이 되었지만 혼자서 성경을 읽어 보는 시간이 없습니다.

그래서 결국 예수 그리스도를 만나지 못하고 영화는 끝이 납니다. 제가 위에서 소개하였던 한 네티즌처럼 교인이 되어서 교회에 열심하다가 종교가 부질없음을 깨닫고 끝이 납니다.

한국은 한글이라는 뛰어난 문자 덕분에 문맹자가 없다고 하지만 아무리 글자를 안다고 하여도 정작 독서를 하지 않는다면 문맹자와 차이가 없습니다. 성경도 책의 일종입니다.

지금은 성경도 다른 수많은 신간서적처럼 약1만원이면 서점에서 쉽게 살 수 있지만 그 성경이 우리들 손에 오기까지는 지난 2000년 동안 얼마나 많은 사람들의 피와 땀과 재산이 바쳐졌는지 이 짧은 시간에 도저히 말할 수가 없습니다.

아마 성경책 한 권이 수 천만 원 정도 된다고 하면 지금 우리 국민들이 집에 있는 성경을 귀하게 알고 읽어 보실지 모르겠습니다. 독서의 계절 가을이 한참 계속되고 있습니다. 이 가을에 신약성경을 혼자서 정독하여 읽어 보시면서 부활하신 예수님을 찾아보시길 바랍니다.

83. 사회정의를 구현한다는 것

2016. 11. 07

마태복음 13장에서 예수님께서 밀밭에 섞여 자라고 있는 독보리의 비유를 다음과 같이 설명하셨습니다.

"좋은 씨를 뿌리는 농부는 나 그리스도이며 밭은 세상이다. 그리고 좋은 씨앗은 하늘나라에 속한 사람들이고 독보리는 악한 자에게 속한 사람들이다. 독보리를 뿌린 원수는 마귀이며 추수 때는 세상 끝날이고 추수꾼은 천사들이다. 그러므로 독보리를 뽑아 불에 태우듯 세상 끝날에도 그렇게 할 것이다." 이 말씀 중 독보리는 볏과의 일년초로 열매에 독이 있는 잡초의 일종입니다.

예수님의 이 말씀을 생각해보면 밭에는 좋은 씨앗에서 나온 좋은 밀과 함께 독보리가 항상 있으며 이 독보리가 제거되는 시기는 추수 때 즉 세상 끝나는 날이라는 것입니다.

그러니까 세상 끝나는 날까지 독보리는 계속 있다는 말이 아니겠습니까? 그렇다면 좋은 밀은 당연히 세상 끝날까지 독보리와 함께 같은 밭에 있게 되는 것입니다. 좋은 밀이 자기 옆에 있는 독보리가 보기 싫다고 비관해서 죽어버릴 수도 없고 또 그 독보리를 제거하여 버릴 수도 없습니다. 계속 함께 있는 것입니다.

같은 밭에 함께 있기는 하지만 자기 정체성을 결코 잃지는 않습니다. 말없이 조용히 자기 정체성을 유지하면서 자기 삶을 살아가는 것입니다. 저는 같은 장소에 좋은 밀과 독보리가 함께 있다는 이 예수님의 비유를 생각해보면 빌립보서 2장 중간에 나오는 사도 바울의 말씀이 생각납니다.

"모든 일을 원망과 시비가 없이 하라 이렇게 하면 너희가 흠이 없고 순전하여 어그러지고 거스르는 세대 가운데서 하나님의 흠 없는 자녀로 세상에서 그들 가운데 빛들로 나타나며…" 라는 말씀입니다. 원망이란 그 대상을 못마땅하게 여기어 탓하거나 또는 불평을 품고 미워한다는 말이고 시비란 옳고 그름을 따지는 말다툼을 뜻합니다. 어그러지고 거스른다는 말은 무엇이 사실과 다르게 그릇되게 해석되고 거꾸로 돌아가는 것 즉 왜곡된다는 말입니다.

바울사도의 이 말씀은 이 세상에서 하나님의 자녀가 어떻게 살아 갈 것인가를 말해주고 있습니다. 이세상은 왜곡된 세상입니다. 그러니까 무엇이 그릇되게 해석되고 거꾸로 돌아간다고 해서 새삼 놀라고 분노할 것이 아닙니다. 그럼 어떻게 하라는 것입니까? 못마땅하게 여기며 불평이나 원망을 하지 말고 또 옳고 그름을 따져 언성을 높이지도 말라는 것입니다.

이렇게 살게 될 때에 세상에서 빛들로 나타나게 된다는 것입니다. 옳고 그름을 따져 다투지 않고 불평을 하지 않는 것은 인간적으로 볼 때에 용기가 없는 힘없는 인간인지도 모르겠습니다.

그러나 이 세상에서 독보리를 제거하려고 애쓰는 것보다 독보리를 미워하거나 불평하지 말고 함께 같이 살아가는 것이 우리 주 예수님의 가르침이고 이 세상의 빛이 되는 길이라고 생각합니다.

84. 예수는 나의 세계요.

2016. 11. 14

　우리나라 대한민국은 지금 세계 10대 무역 강국 중의 하나가 되어 있습니다. 즉 부자 나라가 되었다는 것입니다. 그런데 우리나라가 지난 10년 이상 단연 세계 첫 번째 가는 것이 있는데 그것은 자살률입니다. 해마다 약 15,000명이 자살을 하고 있습니다.

　전라북도에서만 약 600명이 해마다 자살을 하고 있습니다.

　자살률이 높다는 것은 무슨 뜻입니까? 이는 현재 자살하지 않은 사람들 중에서 내일이나 다음 달에 아니면 내년에 자살할 사람이 많이 있다는 뜻입니다. 사실 우리나라에서 매년 자살을 시도하였다가 죽지 못하고 미수에 그친 사람이 1년에 약30만 명이 된다고 합니다. 그렇다면 남들은 아직 모르지만 자살을 생각해 본 사람은 또 얼마나 많은지 모르겠습니다.

　이들 자살자들의 각자 사정을 제가 다 알 수는 없겠으나 이 중에서는 상실감에 빠져 자살해버린 사람들도 꽤 있으리라고 믿습니다. 작가 이청준의 벌레이야기에서 나오는 말 "그저 망연스러운 자기 상실감 속에서 바닥 모를 절망감만 짓씹고 있었다."는 구절처럼 상실감은 곧 바로 절망감으로 연결되지 않겠습니까? 절망이란 바라볼 것이 없다는 말입니다. 누가 자살했다는 말이 나오면 곧 바로 연이어 나오는 말이 그 사람의 절망감과 우울증이라는 단어입니다.

제가 알고 있는 몇 사람의 자살자들은 모두 사회적으로 이른 바 지명도가 상당히 있었던 사람들이었습니다. 아마 그 사람들의 사회생활이 완전히 바닥인생이었다면 상실감도 우울증도 모두 없었으리라고 생각합니다.

저 역시 이렇게 명예교수라는 직함도 있으니까 사회적으로 꽤 성공하였다고 말 할 수 있지 않겠습니까? 그 때문인지 이전이나 지금이나 여러가지 상실감으로 마음이 우울하여 질 때가 있습니다. 오늘 밤은 제가 사회생활을 시작한 이래 지난 50년간 제가 가장 좋아하던 찬송가 하나를 소개하고 싶습니다. 찬송가 93장인데, 이 찬송은 1절부터 4절까지 전부가 "예수는 나의 힘이요" 라고 시작합니다. 그런데 원래 이 찬송 시를 짓고 작곡까지 했던 톰슨은 "예수는 나에게 전 세계요" 즉 Jesus is all the world to me" 라고 하였습니다.

예수님이 전 세계라고 생각해보세요. 그러면 예수님에게 인정을 받으면 전 세계로부터 인정받는 것이요, 또 예수님을 가지면 전 세계를 갖는 것입니다. 더 이상 누구한테 인정을 받고 더 이상 무엇을 얻을 필요도 없습니다. 저는 이 찬송을 혼자서 부를 때는 "예수는 나의 세계요"라고 원래 시인의 가사 대로 부릅니다. 참으로 이 한 장의 찬송가가 저를 모든 상실감과 모든 절망감에서 구원을 하는 것이었습니다.

85. 신약(새 계약)

2016. 11. 21

오늘로서 저의 5분 메시지가 종료됩니다. 그래서 저로서는 가장 귀한 말을 청취자 여러분과 나누고자 합니다.

우리들이 모두 신약성경이라고 부르는 책의 제목인 신약이라는 말을 누가 처음 했을까요?

그 사람은 바로 교주되시는 예수 그리스도 그 분이십니다. 신약이라는 말은 새 약속 즉 새로 맺은 계약이라는 뜻인데 이 말씀을 예수님께서 하신 때는 이탈리아의 화가 레오나르도 다빈치의 유명한 그림의 소재인 최후의 만찬 때 하신 말씀입니다. 누가복음 22장 20절에 소개된 이 장면을 제가 읽어보겠습니다.

"그리고 예수님은 저녁을 잡수신 후에 마찬가지로 잔을 들고 이렇게 말씀하셨다.'이 잔은 너희를 위해 흘릴 내 피로 세우는 새 계약(新約)이다.' 바로 이 말씀이 신약성경의 책 제목이 되었습니다.

저는 지난 30년 이상을 교수로서 재직하면서 꽤 많은 논문을 써보았는데 논문에서 가장 중요한 단어 즉 키워드가 그 논문의 제목이 되는 것입니다. 신약성경은 27권의 별개의 책이 합하여된 책인데 이 책의 제목을 신약 즉 새로운 계약이라고 한 것은 정말 깜짝 놀랍게 정확한 제목이라고 생각합니다.

신약은 모든 사람과 우주를 주관하시는 신이신 하나님께서 예수 그리스도를 통하여 사람과 맺은 새로운 계약을 적어 놓은 책입니다. 우리 사람들은 역사세계를 초월하여 계시는 신이신 하나님을 알 능력이 없습니다. 다만 그 하나님께서 보내신 예수 그리스도는 우리와 같은 역사세계에 태어나셔서 우리 인간들과 함께 지내셨기 때문에 그 사람 예수 그리스도를 통하여 하나님과 교제하게 되었습니다.

그런데 지금부터 2020년 전, BC4년, 지금의 이스라엘 지역에서 태어나신 그 사람 예수 그리스도를 우리들은 직접 만나보지 못했습니다. 그러나 다행히도 방금 위에서 제가 소개한 누가복음의 저자 누가와 같은 당시 사람들의 기록으로 예수님을 알게 되었습니다. 예수님의 말씀과 행적을 기록하여 둔 사람은 누가 이외에도 마태, 마가, 그리고 요한이 있습니다.

누가는 예수님의 행적만 기록한 것이 아니고 예수님을 만났던 당시 제자들이 어떻게 살았는가를 또한 기록하여 두었는데 이 책이 신약성경의 다섯 번째 책인 사도행전입니다. 신약성경은 이 밖에 사도 바울을 비롯하여 예수님을 알게 된 사람들이 각각 사랑하는 지인들에게 보낸 편지들이 함께 모아진 것입니다. 그래서 신약성경을 읽어 보면 예수 그리스도와 또 예수를 알게 되었던 사람들이 어떻게 무슨 희망을 가지고 살았는가를 알 수 있습니다. 이들 신약 성경의 저자들은 자신들이 기록한 글로서 단 한 번도 무슨 출판 기념회나 저작권 등록을 하지 않았습니다. 지금도 누구나 관심만 가지면 읽을 수 있도록 보급 된 책이 성경책입니다. 꼭 이 성경을 읽어보시길 바라면서 저의 5분 메시지를 종료합니다.

86. 방송을 끝내고...

이제 저의 방송 칼럼(5분 메시지)은 끝났지만 이 지면을 통하여 마지막으로 형제자매 여러분에게 제가 알고 있는 지식을 함께 나누어 보고자 합니다.

"누구든지 사람들 앞에서 나를 안다고 하면 나도 하늘에 계신 내 아버지 앞에서 그를 안다고 할 것이다"(마태복음 10장 32절).

주 예수님께서 하신 말씀입니다.

그러니까 우리가 이 세상을 떠나 하나님 앞에서 심판 받을 때를 대비하여 예수님과 친한 관계를 유지해두어야 하지 않겠습니까. 예수님께서는 하나님 앞에서 유일하게 우리를 적극적으로 추천해 주실 분입니다. 또 그 일은 하나님의 아들이신 예수님만이 하실 수가 있습니다. 다른 사람은 없습니다. 예수님은 우리를 사랑하셨는데 십자가의 형벌을 감당하실 정도로 사랑하셨습니다. 의학에서 통증의 종류도 여러 가지 이지만 가장 극심한 통증을 ex-cruciating pain이라고 합니다. 즉 십자가에 못 박혀 죽을 때의 고통이라는 뜻입니다. 그러나 예수님께서 받으신 고통은 단지 십자가의 고통만이 아니었습니다. 당시 인간들에게 침 뱉음,구타, 채찍질 등 온갖 치욕을 다 받으셨습니다. 그리고 피 흘려 죽으셨습니다. 그런데 이러한 고통을 스스로 받으셨다는 것입니다. 복음서마다 그 마지막 부분에 나오는 유대의회 법정과 로마 총독 빌라도 법정의 재판과정을 자세히 읽어 보면 알 수 있습니다. 예수님께서는 이들 법정에 끌려가시기 전에 본인이 이미 다음과 같이 말씀하셨습니다. "나는 섬김을 받으러 온 것이 아니라 섬기려 왔으며 많은 사람의 죄값을 치르기위해 내 생명마저 주려고 왔다" (마태복음 20장 28절)

한 사람의 생명이라는 것이 무엇입니까. 이는 그 사람의 가장 귀한 것 아닙니까. 예수님은 하나님께 자신의 가장 귀한 것을 바치면서 인간의 죄를 용서하여 주시고 인간과 다시 화목하게 지내주시라고 하나님께 부탁을 하신 것입니다. 그래서 하나님께서는 아들 예수님의 행동 때문에 인간과 화목하게 관계회복을 하신 것입니다. 단지 아들 예수가 십자가에서 죽음으로 한 요청 때문에 인간과 교제를 회복하신 것입니다. 이것이 이른 바 "예수 보혈의 공로"입니다. (마태복음 27장 50~51절)

사람은 누구나 조만간 죽어서 하나님 앞에 서게 될 때 그 장소에서 살아계신 예수님께서 우리를 위해 "하나님. 이 사람은 제가 십자가에서 화목제물이 되어 죽음으로서 속죄함을 받게 한 바로 그 사람입니다. 이 사람은 나하고 친한 사람입니다" 하고 우리를 위하여 말해 주실 것입니다. (히브리서 10장 19절)

예수님의 옹호를 받게 되는 그 사람은 세상에서 아무리 보잘 것 없이 살았다고 하여도 결국 성공한 인생이 되는 것입니다. 다시는 죽음이 없는 영원한 하늘나라의 시민이 되는 것입니다.

  제가 가장 존경하는 인물가운데 인도의 마하트마 간디가 있습니다. 저는 간디 자서전을 비롯하여 한국어로 번역된 그에 관한 책은 거의 다 읽어보고 간디 영화도 일곱 번 정도 보았습니다. 인류 최고 천재 물리학자라고 하는 아인쉬타인은 20세기 인류는 간디와 같은 세기에 살았다는 것을 영광으로 생각해야 한다고 말했다고 하는데 저는 이 말에 동감을 합니다. 간디는 정말 정직한 사람, 용기있는 사람이었습니다. 그런데 간디는 예수 그리스도에 대하여 그는 존경받을 사람이나 자신과 무슨 개인적인(personal) 관계가 있다고는 생각하지 않았습니다. 자신보다 거의 2천년이나 앞서 먼 외국 땅에서 태어난 예수와 도대체 무슨 인간적인 관계가 있을 수 있겠습니까. 물론 예수의 사상이야 배울 수 있다고 해도 각자 지구상에서 살다간 독립된 사람일 뿐이지 않겠습니까. 그러니까 간디는 자신이 알고 있는 자신의 생각을 정직하게 피력한 것 입니다.

  사실 인간은 자신이 하나님을 연구하여서 알 수는 없다고 생각합니다. 그래서 유신론, 무신론 또 이 둘 다 아닌 불가지론(不可知論)등 각종 론(論)들이 무성합니다. 그래서 결국 신은 인간이 만든 것이고 천국도 인간이 있기를 바라는 것에 불과하다고도 말하지 않겠습니까.

  제가 하나님을 알게 된 것은 예수님을 믿어서 알게 된 것입니다. 예수가 하나님에 대하여 말해주었기 때문에 하나님을 믿게 된 것입니다. 예수님의 말씀은 신약성경에 나와 있습니다.

그럼 결국 요점(要點)은 예수라는 사람이 그렇게 믿을만한 사람이냐 하는 것입니다. 저는 믿을만 하다고 생각합니다.

우선 그는 김구, 링컨, 간디, 박정희 등등 우리가 알고 있는 사람처럼 이 땅의 역사 세계에서 실제 살았던 사람입니다. 그의 제자들이 눈으로 똑똑히 보았으며 손으로 직접 만져본(요한일서 1장 1절)사람이며 그의 행적이 기록(신약성경)으로 잘 남아 있어 제가 항상 읽어 볼 수 있기 때문입니다. 그의 행적 중 가장 중요한 것이 그가 죽었다가 부활한 사실입니다. 예수의 죽음과 부활은 글자 그대로 그의 몸의 죽음이요 그의 몸의 부활이었던 것입니다. 어느 위대한 지도자가 죽었을 때 그의 정신을 통하여 그는 지금도 후대의 마음에 살아있다는 식의 상징적인 문학적인 표현이 아닙니다. 병든 자가 새 생명을 얻었다는 것도 문학적인 과장된 표현일 뿐입니다. 병든 자가 죽었다가 살아난 것은 아니었습니다. 의학과 생물학 지식으로 양과 개를 복제하고 줄기세포 운운하면서 인공수정으로 병원에서 어느 불임부부에게 애기를 만들어 주었다고 하는 것도 알고 보면 신혼부부에게 침실과 음식을 제공한 호텔의 주인이 그 부부의 애기는 자기 호텔이 만들어 주었다고 말하는 것과 같습니다. 절대로 인간은 생명을 창조할 수도 없고 죽어서 무덤에 들어간 사람을 다시 살릴 수도 없습니다. 그런데 예수는 문자 그대로 완전히 죽어서 무덤에 들어갔다가 다시 살아 나셨습니다. 이는 생명을 주실 수 있는 분, 생명의 주인이 계신다는 것입니다. 더욱이 예수는 그가 십자가에 처형되기 전에 자신이 죽은 후에 다시 부활하겠다는 말을 제자들에게 미리 분명하게 언급하셨다는 것입니다. 그리고 그대로 보여 주었다는 것입니다. 이는 예수는 분명히 생명의 주인 되시는 창조주 하나님과 직접 통하는 분, 즉 하나님께서 보내신 자라는 것입니다.

혹자는 예수가 무덤 속에서 부활한 것을 직접 보았냐고 물으면서 자신도 기독교 신자이기는 하지만 예수 부활은 믿지 않는다고도 말합니다. 물론 저도 예수가 무덤에서 부활하시는 모습을 그 옆에서 본 적은 없습니다. 단지 그 증거가 당시 기록(신약 성경)에 충분하게 믿을 만큼 있기 때문입니다.

저는 미국의 한 검사 출신 신자가 왜 자기는 예수 부활을 믿는가를 피력하면서 다음과 같이 쓴 것을 읽었습니다. 즉 어느 검사도 살인현장을 직접 목격하고 범인을 기소하지는 않는다는 것입니다. 증거가 있기 때문에 기소한다는 것입니다. 법정에서 판사도 검사에게 당신이 살인현장을 직접 보았냐고 묻는 것이 아니라 증거가 믿을 만한가를 보는 것이라고 합니다.

저는 신약성경에서 다섯 번째 책인 사도행전의 의미를 이전에는 잘 몰랐습니다.

기독교는 예수의 가르침만 배우면 되는 줄 알았기 때문입니다. 그러나 지금은 사도행전이 복음서 못지않게 중요한 책이 되었습니다. 복음서를 읽고 난 후에는 사도행전이 가장 중요한 책이 되었습니다. 사도행전은 한마디로 예수의 제자들이 예수의 부활을 증거 하기 위해 헌신한 사건들을 기록한 문서이기 때문입니다. 10장에는 당시 이스라엘 지역의 로마군대 장

교이었던 고넬료에게 베드로 사도가 하나님께서 예수 그리스도를 통하여 이스라엘 사람들에게 기쁜 소식을 전해 주셨는데 이 예수가 이스라엘 사람뿐 아니라 바로 모든 사람의 주님이라는 것을 증거 하였습니다. 그러니까 이방인 고넬료가 베드로 덕분에 자신의 주님을 만나게 되었던 것입니다. 우리를 자신의 생명보다 더 사랑하신 하나님의 아들 예수님께서 우리들의 주님이 되시고 지금도 살아계셔서 우리들과 함께 계신다는 이 사실은 너무나 가슴 벅찬 사건입니다.

이 사람 예수 그리스도는 하신 말씀마다 모두 사실이었고 사실이 되었습니다. 부활사건도 그 중의 하나입니다. 당시 로마 총독인 빌라도와 무슨 사전 약속을 한 것도 아니었는데, 자신이 미리 말했던 대로 십자가 형벌을 받아 피 흘려 죽으시고, 자신이 말했던 대로 사흘 만에 부활하셨습니다. 그래서 저는 그가 말했던 하나님의 계심과 최후의 심판도 다 사실이고 사실이 될 것으로 알고 있으며 형제자매 여러분들에게도 이 사실을 전하는 것입니다.

2017년 3월.
글쓴이 임철완

87. 헌혈(History No.1)
조영민

1986년 가난했던 청년시절. 남을 위한 봉사를 하기에는 가진 돈도, 시간도 낼 수 없었다. 그 때 나는 병든 홀어머니와 3명의 형제들을 부양해야 하는 한 집안의 가장이었다. 남을 돕기는커녕, 내 앞 가름하는 것조차 버거운 게 현실이었다. 그래도 우리 사회를 위해 뭔가는 해야 한다는 어설픈 사명감(?)은 있어서, 현실적 여건을 감안하여 실천이 용이한 것을 선택한 것이 헌혈이었다. 당시로서는 몸뚱이 하나가 가진 재산의 전부였기에, 몸으로라도 우리사회에 봉사하겠다는 치기 어린 마음으로 헌혈을 시작했던 것이 세월이 더해져 지난 2014년 5월 31일 400회를 넘기고, 2018년이면 500회에 도달할 것으로 예상된다.

헌혈은 그 횟수가 중요한 것은 아니겠지만, 500번 가까이 한다는 것은 오랜 기간을 꾸준하게 실천해야만 가능한 기록임에 분명하다. 나도 처음에는 이렇게 많이 하게 될 줄은 몰랐다. 지금도 헌혈 할 때 매번 굵은 바늘이 팔에 꽂히는 것은 긴장되고 때때로 매우 아프며 피하고 싶은 순간이다.

정기적으로 헌혈하기로 마음먹은 이후에도 핑계 같지만 매번 시간을 내서 헌혈 장소를 찾아가는 것은 번거롭기로 하고 먹고 사는 문제에 전전긍긍하며 사는 직장인에게 정기적으로 시간을 내서 헌혈을 한다는 것은 여간 해선 실천하기 어려운 일이다. 그럼에도 불구하고 지난 30년이 넘는 동안 헌혈을 계속 할 수 있는 건강한 몸과 포기하지 않는 실천 의지를 주신 하느님께 감사할 뿐이다. 성경에 말하기를 "행함이 없는 믿음은 죽은 믿음이다"는 것과, 아무리 훌륭한 신앙과 믿음도 오직 사랑의 실천에 의해서만 증명될 수 있는 것이기에…

88. 신장 기증 (History No.2)

조영민

1996년 7월.

나는 신장을 기증하기로 결심하고 이를 실행으로 옮긴다. 지난 10여 년간 헌혈을 해오면서 자연스럽게 장기기증에 대해서도 잘 알고 있던 터라 수술에 대한 두려움과 직장생활에 대한 부담은 있었지만 과감하게 용기를 낼 수 있었다. 기증 당시 나는 미혼인지라 가족의 동의가 있어야 하는데 가족의 반대가 여간 심한 게 아니었다. 이제는 고인이 되신 어머니께서는 "너는 가진 것도 없는 놈이 몸마저 상하면 장가나 갈 수 있겠느냐"며 정신 차리라고 한탄하셨다. 나는 "오히려 한살이라도 젊고 건강할 때 해야 할 것 같다"고 고집하며 어머니를 설득했고, 저의 어머니는 하는 수 없이 "네 마음대로 하라"며 자포자기하는 심정으로 동의가 아닌 묵인을 하셨다.

당시 신장이식 수술은 복부 중앙에서 왼쪽 옆구리 쪽으로 약30cm를 절개하고, 갈비뼈 일부를 잘라내는 8시간에 걸친 큰 수술이었다. 수술 후 통증과 불편함에 대해서는 단단히 마음먹고 있었지만, 막상 수술 이후 찾아온 극심한 통증과 함께 몸이 회복되는 몇 달 동안 만만치 않은 대가를 치려야 했다. 너무도 아파서 가끔씩 "내가 미쳤지" 하면서 후회도 했다. 내 신장을 기증받은 수혜자는 25세의 처녀였다.

당시 총각인 내가 처녀에게 기증한다고 일부에서 "둘이 특별한 사이가 아니냐?"는 의심도 받았지만 일면식 없는 전혀 모르는 사람이다. 다만, 역설적이지만 우연치고는 드라마 같은 내 일생일대의 사건이 발생한다. 당시 장기 기증자와 수혜자를 연결하는 민간단체인 "사랑의 장기기증 운동본부"에서 간사로 근무하고 있던 한 여성이 내가 입원한 병원에 병문안을 온 것을 계기로 그 여성과 사랑에 빠지게 된다. 그 아프던 통증도 잊어버릴 만큼.

훗날 아내가 된 그 여성은 나와의 인연을 이렇게 설명했다. 대학을 졸업하고 회사에 다닌다는 노총각이 신장을 기증한다고 소식을 듣고, 무슨 사연이 있는지 면회나 한번 해보자고 나를 찾아왔던 게 악연(?)의 시작이었다고. 한마디로 나는 신장을 기증하고 사랑하는 아내를 얻은 셈이다. 이런 기적 같은 횡재를 바란 것은 아니었지만 결과적으로 나는 아주 수지맞은 장사(?)를 한 셈이 되었다. 결혼 후, 나는 어머니께 가끔씩 농담을 하곤 했다. 내가 신장 기증을 한 것은 내 일생에서 가장 잘한 일이었다고, 참한 색시가 아무것도 없는 집안에 며느리로 와 주었으니 얼마나 고맙냐고요.

어머니는 2012년 5월에 오랜 지병인 당뇨와 그 합병증으로 돌아가시면서 자신의 시신을 병원에 기증하셨다. 자식인 나에게 배웠다고 하시면서 자신은 평생 자식들과 사회에 폐만 끼치고 살다가 가는데 죽어서라도 사회에 도움이 된다면 그렇게 하고 싶다고 하신 것이다. 그리고 결혼 기간 내내 16년 동안 병수발 해 온 아내에게 이렇게 말씀하셨다. "내가 너를 너무 고생시켜서 미안하구나. 정말 고맙다". 21년 전 신장 기증은 나에게 이렇게 많은 사연과 선물을 안겨준 축복의 사건이었다. 그리고 장기기증은 건강한 사람만이 할 수 있는 축복인 것도 알게 되었다.

PS : 나에게 신장을 기증받은 여성은 지금까지 건강하게 지낸다는 소식을 전해 듣고 있다.

89. 간 기증(History No.3)

조영민

　2012년 5월 오랜 지병(당뇨)과 합병증으로 고생하시던 어머니가 돌아가신 이후, 나는 더 나이 들기 전에 간을 기증하기로 결심하고 이를 실행에 옮겼다. 2000년대 후반부터 간 기증을 마음에 두고 있었지만 지난 1996년 신장을 기증 하였을 때 어머니의 반대가 심했기에 살아계시는 어머니에게 큰 불효를 하는 것 같아 미루어 왔었다.

　이번 간 기증을 위한 검사과정을 거치며 느낀 점은 1996년도 신장을 기증할 때보다 훨씬 세련되고 정교한 시스템으로 진행되고 있다는 것이었다. 과거에는 없던 정신건강 검사와 첨단 의료 장비를 동원한 신체검사를 모두 마치고 2013년 1월 신장 기증 16년 만에 간 기증을 위해 병원에 입원하게 되었다. 장기 기증을 위해서는 매번 가족의 동의가 필요한데 이번에 아내의 동의를 얻어내는 것은 그리 어렵지 않았다. 반대 해봐야 소용이 없다는 것을 아내는 그 동안 살아오면서 경험으로 잘 알고 있었기 때문일 것이다. 오히려 내가 다니는 직장에서 승낙을 얻는 것이 더 큰 관건이었다. 나는 당시 대기업의 임원으로서 막중한 임무를 수행 중에 있었다. 나에게 부연된 업무의 중요성과 시급성에 비추어, 당시 총괄책임을 맡고 있는 사람이 장기간 병원에 입원하겠다고 회사에 승낙을 요청하는 것 자체가 여간 부담스러운 일이 아닐 수 없었다. 그것도 어쩔수 없는 자신의 지병이 아닌 장기기증을 위해 장기간 출근을 할 수 없다는 사실을 알리는 것은 부담스러운 일이었다.

 다행히 회사로부터 "업무공백을 최소화 하라."는 조건으로 승낙을 받았지만, 나는 최악의 경우 회사를 퇴직할 수 있다는 각오이었다. 그런데 회사에 승낙을 받는 과정에서 내가 간 기증을 한다는 사실이 회사 전체에 알려지게 되었다. 대부분 놀랍다는 반응이었지만 한편에서는 "두 번씩이나 장기를 기증한다는 것은 너무 무리가 아닌가? 먹고 살만한 사람이 무슨 사연이 있어 간을 기증하는가? 혹시 순수한 목적 외 다른 의도가 있는 건 아닌가?" 등등.

 내가 간 기증을 결심하게 된 속내는 다음과 같다. 가정형편상 사회생활을 일찍 시작하고 지금까지 직장인으로 살아오면서 하늘을 우러러 한 점 부끄러움도 없이 살진 못했어도, 나름대로 제법 곧고 바르게 살려고 노력하며 살아왔다고 생각했었는데 지난 50년의 삶을 돌아보니 한마디로 "허물투성이" 인생이었다. 소유의 많고 적음이 행복의 척도가 아님을 알면서도 소유의 집착으로부터 벗어나지 못하고 내 안에 사라지지 않는 끝없는 이기심과 탐욕, 때때로 불의한 것과도 타협하며 살아온 부끄러운 순간들, 그리고 그 동안 알게 또는 모르게 남에게 상처를 주고 마음을 아프게 한 언행들... 이렇게 "속물"이 되어가고 있는 나를 멈춰 세우고 "속죄 제사"를 드린다는 심정으로 간 기증을 결심하게 되었다.

간 기증을 위해 여러 가지 검사를 거치는 과정에서 담당 주치의는"간이식 수술은 신장이식에 비해 기증자의 부담이 훨씬 크고 위험한 수술이니 단단히 마음먹으라."고 말했다. 나는 이미 신장을 기증한 경험이 있었던지라, 이번에도 단단히 각오하고 한편으로는 담담하게 받아들이려고 했지만 막상 수술한 이후 회복실과 일반병실에 있는 동안은 말로 형언 할 수 없는 고통과 불편함을 감수해야만 했다. 그리고 퇴원 이후에 몸이 정상으로 돌아오는 데는 약 6개월가량이 소요되었다. 수술을 마치고 경과가 좋아 2주 만에 퇴원하고, 나는 퇴원과 동시에 출근했다. 정상적인 활동이 어려웠지만 복부에 의료용 복대를 단단히 두르고 통증에 이기느라 이를 악물고 불편한 자세로 업무를 시작했다. 분명히 무리한 출근이었지만, 회사의 중책을 맡은 사람으로서 장기간 출근을 미룰 수 없다는 절박함 때문에 달리 선택의 여지가 없었다.

간이식 수술은 가슴을 "L"자 형태로 30cm정도 절개하고 간을 약 50%정도 떼어내는 것으로, 50대 나이에 하기 에는 부담이 큰 수술이었다. 담당 주치의 말로는 내가 나이가 있기는 하지만, 간의 크기와 상태가 좋아 수술 할 수 있었고 수술결과도 아주 좋았다고 했다. 한마디로 내 "간덩이가 크고 쓸만하다."는 것이었다. 나중에 알게 된 사실이지만 우리나라에서 간을 타인에게 기증을 받아야 살 수 있는 환자가 약 4만명이 대기중이라고 한다. 이러한 환자들 중에서 그 가족들이 간을 기증하려고 해도 지방간 수치가 높거나 간의 상태가 좋지 않으면 이식수술을 할 수 없다고 했다. 내 간을 이식받은 수혜자는 4살의 어린소녀였다. 그 아이는 선천적으로 간 기능이 약했고, 그 부모도 간을 기증할 상태가 못 되는 경우였다고 전해 들었다. 오로지 뇌사자의 장기를 이식받거나, 순수 기증자가 나타나기를 기다려야 하는데 나처럼 순수 기증자가 나타나기를 기다리는 것은 기적을 바라는 것과 같다고 한다. 간을 기증받은 수혜자 부모는 내게 고맙다는 인사를 하겠다고 여러 차례 연락해 왔지만 거절했다. 감사인사를 받는 것은 부담스럽기만 하고 불필요하였다. 간을 기증받은 아이가 건강하다는 소식이 반가울 뿐이었다. 내가 간을 기증한 것은 한 생명을 살리는 일이 되었지만, 그 동기는 누구를 살리겠다는 희생정신보다 지난 허물에 대한 속죄라는 내면의 소리에 반응한 것이고, 작심하고 선택한 의지의 결과이다. 나는 이번 간 기증을 마지막으로 장기를 기증하는 것은 그만 할 생각이다. 건강이 허락하는 한 헌혈은 계속할 생각이다. 사후 시신을 기증하겠다고 등록한지는 오래 됐으니, 이 정도 선에서 몸을 통한 봉사는 마무리하고, 앞으로는 또 다른 방식으로 우리사회에 기여하거나 의미있는 일들을 찾아보고자 한다. 매우 위험하고 무모한(?) 남편을 만나 평범한 사람들이 깜짝 놀랄만한 일들을 담담하게 받아들이고, 정성을 다해 내조와 간병을 해준 아내에게 진심으로 고마움을 표한다.

90. 인생 여로 (人生 旅路)

섬나라 영국과 유럽대륙이 마주보고 있는 영국해협에서 가장 폭이 좁은 장소인 약 35킬로미터의 도버(칼레)해협을 헤엄쳐 건너가는 사람들이 있습니다.

한국의 조오련씨도 성공하였답니다. 그런데 자기도 한번 건너보겠다고 어느 영국 사람이 도버에서 출발하여 프랑스 칼레를 향하여 헤엄을 치는데 중간에 생각해보니 칼레에 대하여 아는 바가 전혀 없었습니다. 그 곳의 커피숍이나 식당 하나도 모르고 물론 아는 사람도 한 명 없다는 것을 생각하니 갑자기 힘이 팔려서 더 이상 수영을 할 수가 없게 되어 중도포기를 하였답니다. 그 후 칼레에 대하여 알아 본 후 다시 출발하여 성공하였다고 합니다. 저는 그러한 도전은 꿈도 꾸어본 적이 없지만 그 사람의 심정은 상당히 이해가 갑니다. 저의 아버지께서 생전에 저에게 하신 말씀이신데 여행 중 C급은 자연 경치 보는 것이고 B급은 무슨 테마여행과 같은 문화탐방이고 A급은 사람을 만나는 것이라고 하셨습니다. 생각해보면, 누가 해외여행경비를 주면서 가고 싶은 곳을 가라고 하였을 때 경치 좋은 스위스나 세계 최강의 미국보다 더 가고 싶은 곳이 있다면 자기 애인이 살고 있는, 만약 애인이 외국에 있다면, 그 나라에 가지 않겠습니까.

신자들이 이 세상을 살아가는 동안 지치지 않고 사는 방법도 도버 해협을 헤엄쳐 가는 사람의 심정과 비슷할 것으로 생각합니다. 신약성경 골로새서 1장 3, 4, 5절을 읽어보면 골로새 지방의 교인들의 믿음과 사랑의 생활은 하늘나라의 소망에 근거하고 있음을 알 수 있습니다. 히브리서 11장에는 믿음의 조상들이 나그네처럼 천막생활을 하면서 살다가 죽었는데 그들은 약속된 것을 받지 못했으나 그것을 멀리서 바라보고 기뻐했습니다. 그리고 그들은 이 세상에서 잠시 머무는 나그네에 불과하다는 것을 고백했습니다.

　신약성경의 마지막 책인 요한 계시록 21, 22장에는 우리에게 장차 나타날 천국에 대한 묘사가 있습니다. 저의 생각으로 이 가운데 우리에게 가장 중요한 것은 천국의 각종 좋은 경치보다 예수님의 환영을 받고 그로부터 각 사람이 일한대로 상을 받고 하나님의 얼굴을 보게 될 것이라는 것입니다. 또 천국의 환영은 이 세상의 환영식들처럼 하루 만에 끝나버리는 것이 아니고 영원토록 계속되는 환영이라는 것입니다.

　예수 그리스도는 어제나 오늘이나 영원히 똑 같은 분이십니다(히브리서 13장8절). 2천년 전에 갈리리 바닷가에서 어부출신 제자들과 함께 생활하시고, 자기에게 오는 자는 누구나 박대하지 않겠다고 말씀하셨고 자기 말을 들어주는 자들에게는 친구가 되어주겠다고 하신 하나님의 아들이십니다.

　먼 외국에 있는 애인을 만나러 가는데 그 애인의 생존여부도 모르고 더구나 사랑의 확신도 없다면 그 여행길에 무슨 즐거움이 있겠습니까? 아마도 중도에 마음이 변할 수도 있지않겠습니까?

우리들은 변함없으신 우리 주 예수님께서 직접 해 주셨던 말씀을 성경을 읽으며 항상 확인 할 수 있습니다.

천국에서 우리들이 거처 할 처소를 마련하시고 우리들을 기다리고 계시는 우리 주 예수님을 생각하며 인생여로를 걸어가는 것입니다.

부

록

내 몸과 내 시간

내 시간은 점점 가벼워진다.
그래서 점점
빨리 날아 가버린다.

내 몸은 점점 무거워진다.
그래서 점점
느리게 움직여진다.

멀지 않아
무거운 몸은 드디어
정지해버리고
가벼워진 시간과는
만날 수도 없겠구나.

그때에
남아있는 사람들은
내가 과거로 사라졌다고
말하지 아니 하겠는가.

70세를 지나면서.... 임철완

체면과 호칭이 중요한 나라 대한민국

(이 나라에서 70년을 지나가면서 느끼는 소회)

여기에서 내가 말하는 체면의 뜻은 다음 예문에서 보는 체면이다. "공연히 체면치레하느라고 허세 부리지마라. 일만 더 꼬이고 결국 곤란만 겪게 된다."

나는 1946년 1월에 이 땅에 태어났다. 지난해 즉 2015년 8월 에는 전국 방방곡곡에 "광복 70주년"이라는 현수막이 걸렸었 다. 2015년 8월이 광복 70주년이라고 하니까 나는 광복이 되 었다고 하는 그 시간 1945년 8월15일에 어머니 배 안에 있었 던 샘이다.

내가 초등학교(당시는 국민학교라고 불렀다)다닐 때 지금도 기억이 나는 가장 대표적인 국경일이 8.15 광복절이었다. 왜 냐하면 여름방학이 한창인데 광복절기념식이라고 학교에 나오 라고 하였기에 유독 광복절행사만 기억이 난다. 뙤약볕 운동장에 서있어야 하였으니까.

광복절은 우리나라가 일본으로부터 해방되어 독립이 된 것을 기념하는 날이었다. 사실 지금도 국어사전에는 광복이라는 말은 "빼앗긴 주권을 다시 찾음"이요 광복절이란 "우리나라가 일본 의 압제에서 벗어나 국권을 도로 찾은 기쁨을 기념하는 국경 일. 곧 8월 15일."이라고 나와있다. 국민학교때 기억이지만 인도 독립은 1947년, 필리핀은 1946년, 중국은 1949년이라는 것을 혼자 책에서 보고 이들 나라들도 우리보다 독립이 늦었구나 하고서 은근히 우리나라를 자랑스럽게 생각하였다.

그런데 집에서 어른들에게 "미군정 때…." 라는 말을 듣고서 미군정이라는 것이 무엇인가? 라고 의아하게 생각하였다. 알고 보니 미군정이라는 말은 미국 군인들이 한국을 통치하였던 시기를 말하였다. 나는 미군정때 아직 두살, 세살이었으니 전혀 알수도 없지만 1926년도 출생하신 나의 피부과학 선생님이셨던고 김영표 교수님과 대화를 하던 중 다음 사실을 듣게 되었다. 그 선생님 회고 말씀 중 1947년도 미국 독립기념일 7월 4일에 당시 광주시민들이 모두 광주 중앙국민학교에 모여 독립기념일 행사를 하였다는 것이다. 물론 자신도 그 장소에 나가서 서 있었다는 것이다. 그러니까 최소한 1947년도 7월 4일은 우리나라도 미국의 일부이었다는 것이다..

내가 국민학교 다닐 때 아마 가장 많이 불렀던 노래는 "우리의 소원은 통일, 꿈에도 소원은 통일"이라는 노래이었다. 지금도 그 노래를 곱게 독창하였던 여학생의 모습이 눈에 어리고 목소리도 귀에 남아있다. 그런데 그 노래가사가 1947년 처음 만들어질 때는 "우리의 소원은 독립, 꿈에도 소원은 독립" 이었다고 한다. 그러고 보니 1945년 8월 15일에 광복하였고 광복이란 국권을 다시 찾았다는 말이 도대체 무슨 말인가. 또 광복절을 영어로는 Independence day라고도 했다. 도대체 광복이라는 말은 무엇이고 독립이라는 말은 무엇인가.

1945년 8월 15일, 16일 서울시민들이 거리로 나와서 만세를 부르는 모습과 남산을 비롯한 전국 방방곡곡의 태극기 깃발을 찍은 사진들을 많이 보면서 나의 학생시절에 우리나라의 광복절의 의미를 믿어 의심하지 않았다. 그러나 학생 때 내가 그 사진들을 보면서도 내가 느끼지 못했던 사실은 그 태극기가 휘날리는 장소들이 산과 거리들이었다는 것이었다. 태극기가 휘날리는 것만 시선이 가서 그 장소는 산이 되었든 동네거리가 되었든 관심이 없었다. 그러나 중앙청 광장의 국기 게양대에는 1945년 9월 9일까지 일장기가 게양되었고 이날 일장기기 내려가고 대신 게양된 것은 미국 성조기이었다. 그러나 나는 이 사진은 한번도 보지 못하였다.

1945년 9월 8일 인천항에 미군이 상륙할 때도 일본경찰이 치안을 담당하고 치안유지를 위하여 일본 경찰이 한국인 2명을 사살하기까지 하였다. 그리고 당시 맥아더 포고문은 38도선 이남의 조선영토와 조선인민은 자신의 통치하에 있음을 분명히 밝히고 9월 9일 일본총독이 미군 선발대로 상륙하였던 하지 중장에게 통치권을 이양할 때 한국민은 그 장소에서 구경도 못했다.

그러니까 지금 한국은 일본으로부터 독립한 것이 아니고 미국으로부터 독립한 것이다. 1945년이라는 해는 한국을 통치하던 통치자가 일본에서 미국으로 바뀐 해였다.

1945년 8월 15일을 기념하여 왜 그 날을 광복절이라는 국경일로 만들었는지 그 이유를 내가 당시 인사들에게 물어보지는 못했으나 내가 나름대로 그 이유를 생각해 보면 그 말이 문학적 용어라는 것이다. 광복(光復)이라는 말 자체가 빛을 회복하였다는 말이니까 얼마든지 옳다고 주장할 수 있을 것이다. 그

빛이 무엇인가는 모르지만 당사자가 빛을 회복한 것으로 느꼈다고 하는데 누가 무슨 시비를 붙겠는가. 일본이 미국한테 패전한 사실을 동시에 자신들의 빛으로 간주하였던 모양이다. 그 날 그 기분이야 십분 이해할 수 있으나 그 뒤 4년간의 기간이 지나 국경일을 제정 할 때는, 그리고 그 국경일이 주권을 회복하고 독립한 날이라는 의미로 만들었다면 이성을 찾았어야 하지 않을까 하는 생각이 든다.

대상을 문학적으로 표현하는 것은 연애편지에서는 자유롭겠지만 공적인 용어는 그 정의(定義)대로 이해하여야 할 것이다. 광복절의 국어사전 정의는 앞서 소개하였는바 그 정의에 입각하여 생각하여 볼 때 그 명칭이 나를 실망시킨다는 것이다. 혹자는 광복절은 8월 15일이니까 이는 정부수립 1948년 8월 15일을 기념할 수도 있기 때문에 독립기념일이라고 하여도 옳다는 사람도 있다. 그렇다면 줄곧 나의 학창시절 내내 일본이 물러 간 1945년 8월 15일을 기념한다고 가르쳐 두고서 이제와서 또 다른 역사적 사건으로 둘러대는 것이 싫다. 나는 이러한 애매한 사람들이 싫다. 애매(曖昧)라는 것은 이것인지 저것인지 명확하지 못하여 한 개념이 다른 개념과 충분히 구별되지 못함을 말한다. 역사를 애매하게 말하는 사람이 싫다.

대한민국은 3.1운동으로 건립된 대한민국 임시정부의 법통을 계승한다고 헌법 전문 첫머리에 명기하여 두고서도, 그리고 그 상해임시정부가 비록 외국에서 셋방살림이라 하지만 강대국들의 도움을 받음이 없이 우리 선열들께서 우리 선열들의 성금으로 자주적으로 힘을 뭉쳐 만들었기에 당시 우리 민족의 혼과 정신을 이끌어가는 정부의 역할을 힘써 하였는데 독립 기념일을 만들고 싶다면 차라리 그 정부가 수립된 1919년 4월 11일로 함이 남부끄럽지 않을 것으로 생각한다.

　망국의 서러움을 딛고서 우리 선열들께서 몸소 힘써 만든 임시정부 수립일은 기억도 하지 않으면서 우리의 독립과는 거리가 한 참 먼 1945년 8월 15일을, 정확히 말하여 지배국이 일본에서 미국으로 넘어간 그 날을, 주권을 되찾은 날이라고 어린 학생들에게 가르치고 있으니 다른 나라들 보기가 부끄럽다. 미국이나 일본이나 중국이 남의 나라 국경일까지 관심을 갖지는 않겠으나 1945년 8월 15일을 한국사람들은 독립기념일로 지킨다는 것을 알면 속으로 웃을 것 같다.

　원래가 기념일이라는 것은 그 정신을 기리고자 함이 아닌가. 상해임시정부청사는 허름한 목조건물이고, 일본이 건축한 서울의 중앙청(지금은 없어졌지만)은 거창한 건물인바 그 건물을 차지한 것이 그렇게도 체면이 서는 것인지.

　나의 생각으로는 1949년 처음 국경일을 정할 때 이승만 대통령께서 상해 임시 정부 요인들을 싫어하셨던 것이 하나의 요인이 되었으리라고 짐작한다.

　1945년 8월 15일에 한국이 독립하였다고 하는 것은 그야말로 얼빠진 말이고 1948년 8월 15일이 국제법상으로나마 대한민국이 첫 출발한 날이나 이는 미국의 제청으로 유엔에서 인정을 받게 된 수동적인 독립이다. 이러한 점에서 볼 때 필리핀 국민이 한국 국민보다 더 낫다. 필립핀은 스페인에 오랫동안 지배를 받다가 1898년 5월 미국이 스페인을 물리치자 한때 잠시 동안 독립이 실현되는 줄로 오산하였는데 알고 보니 다시 미국의 식민지가 되어있었다. 1946년 7월 4일 미국이 공식적으로 물러나자 그 후 7월 4일을 독립기념일로 하여 지내왔으나 1960년대에 와서 자신들의 독립기념일의 의미에 대하여 심각한 토론을 거쳐 에밀리오 아귀날도가 홍콩 망명에서 돌아와 독립운동 지도자들과 함께 독립을 선포했던 1898년 6월 12일을 독립기념일로 기념하고있다. 우리는 이러한 필리핀에서 차라리 그 정신과 행동을 배워야 할 것이다.

내가 학교 다닐 때, 무려 대학교까지 다녔지만, 세계 제2차대전이라는 말은 수없이 들었지만 태평양전쟁이라는 말은 별로 들어본 적이 없었다. 그런데 그 2차세계대전은 독일 히틀러가 일으켰고 이에 대한 영화도 많이 보고 노르만디 상륙작전이라는 말도 많이 들었다. 1945년 5월 베를린이 함락되고 미국, 영국, 프랑스 등의 연합군이 승리하였다고 한다. 그러나 비슷한 시기에 이 지구상에서 발생하였기 때문에 제2차세계대전이라는 이름 아래 들어가기도 하지만, 태평양전쟁은 순전히 미국과 일본의 싸움이었다. 그리고 한국 땅에서 일본이 물러간 것은 일본이 이 전쟁에서 미국한테 패배하였기 때문이었다.

나는 유럽 각 지역에서 일어났던 2차 대전은 학교에서도 배웠고 노르만디 상륙작전을 비롯하여 각종 전투는 영화나 잡지에서 많이 보고 들었어도 태평양의 많은 섬과 바다에서 일본군과 미군이 상호 얼마나 많이 사상자를 발생하며 격전을 하였는가는 잘 몰랐다. 그런데 그 유명한 노르만디 상륙작전에서는 미군이 2,499명 전사 (연합군 전체는 4413명)하였으나 미군이 일본군과 싸운 필립핀 레이테만 상륙작전에서 미군이 15,584 명 전사, 이오지마 상륙작전에서 26,821명, 오키나와 상륙작전에서는 49,151명이 전사하였다. 우리나라 독립투쟁의 가장 대표적인 청산리 전투에서 독립군의 전사자는 150명이었다.

나는 안중근의사를 존경하여 남산에 있는 안중근 기념관도 세 번이나 가보고 상해 임시정부 청사 보존 경비 헌금도 하였다. 그러나 우리나라에서 일본이 물러간 것은 순전히 50만 명의 사상자를 낸 미군한테 일본군이 패배하였기 때문이었다. 그런데 내가 아는 나의 친구들과 후배들 중에는 우리가 일본한테 독립하였는데 왜 미국 눈치를 봐야하냐고 생각하는 사람들이 있다.

김대중 정부때 역사편찬 위원장 하신 분을 당시 개인적으로 사석에서 만난 적이 있었는데, 이 분은 일제시대때 한국민의 독립쟁취 노력을 높이 평가하는 분이었다. 그래서 물어보았다. 한국의 독립에 독립군의 역할이 얼마나 되느냐고. 답변하시길 "독립군이 너무 초라하게 보여서는 안되지 않습니까" 라는 것이었다. 대학입학등록금이 500만원인데 자기부모가 일해서 번 돈 5만원에 이웃집 아저씨가 보태 준 495만원을 합해서 등록을 하였다고 하자. 이때 부모의 5만원만 찬양하고 다닌다면 그 아들을 효자라고 칭찬을 해야 할까?. 그것을 자존심이고 민족의 자긍심이라고만 해야 하겠는가. 하나는 알고 둘은 모른다는 말의 의미를 생각하여 본다.

이상의 사실로서 내가 느끼는 우리 한국사람은 내실이야 있건 없건 체면 세우기에 급급한 국민이다. 남의 나라 밑에 있었다는 사실을 무척이나 수치로 생각하는 나머지 기억하기도 싫은 모양이다. 돈이 없어서 남의 빚을 지고 그 돈 빌려준 사람에게 고개도 들지 못하고 살았던 사람이 한때 남의 빚으로 살았다는 사실을 감추고 싶은 마음이랄까. 일본이 미국에 패망한 날을 자신이 독립한 날이라고 선전하는 것이 보기에 딱하다.

정말 똑같은 맥락이 바로 일제강점기 36년이라는 숫자이다. 일제 36년 식민지라는 말은 내가 초·중·고·대학교 까지 나의 성장기 전체를 거쳐 확실하게 수백 번이상 들어온 말이다. 일제식민지라는 말이 언젠가부터 일제강점기라는 말로 용어가 바꾸어져있다. 무어라고 불렀든 과거의 사실이 변경되는 것은 아니다. 나는 사실 자체를 말해보고 싶다.

1910년부터 1945년까지 36년 동안을 일제강점기 기간이라고 부른다. (사실 한일합방은 1910년 8월 22일이고 일본이 패망한 것도 1945년 8월 15일이니까 35년이라고 함이 맞겠으나 우리 국민 관습이 나이를 말할 때 연말에 출생하여도 그 해를 한살로 간주하므로 합방된 해를 일년으로 계산하여 36년이라고 하는 모양이다.) 그럼 한일합병조약이 체결되기 전 1910년 8월 21일까지는 우리나라가 일본 밑에 있지 않았다는 말인가.?

내가 좋아하는 일본인 중에서 우치무라 간조(내촌감삼, 1861-1930)라는 기독교신자가 있다. 이 사람은 당시 소수 반전운동 세력으로 일본당국의 박해를 받았으나 지금도 일본의 식자층 인사들에게 존경을 받고 있다. 이 사람의 제자 중 동경대학총장이 2명, 대법원 수장 2명, 교육부장관 5명 등등이 나왔을 정도이다. 그런데 내가 이 사람 우치무라 간조가 자신 개인의 글을 월간 잡지로 일본에서 발행하였던 성서지연구(聖書之研究) 중에서 1906년 10월에 발표한 글을 읽다가 다음과 같은 대목을 발견하고 깜짝 놀랐다. ----- "이 세상에서 전쟁을 없이 하려는 것은 압록강을 거꾸로 흐르게 하는 것 보다 더 어렵다. ----- 는 대목이었다. 인간의 욕심을 강물의 흐름에 비유한 것 때문에 놀란 것이 아니고 자국민(일본국민)들에게 압록강을 언급한 것 때문이었다. 일본 땅에서 가장 힘차게 흘러가는 강이 바로 압록강이라는 것 아닌가. 사실 일본열도에는 강다운 강이 없다. 그런데 1906년도에 일본국민들은 이미 조선반도가 자기 것으로 알고 있었다는 것 아닌가. 또 하나 내가 우연히 발견하고 놀란 문헌은 영국에서 발행하고 있는 B&W라는 사진전문잡지인데 이 잡지 2004년도 8월호에 소개된 사진들이었다. 그 사진은 1904년 러일전쟁을 취재하러 일본과 한국을 방문한 Jack London이라는 미국 신문사(San Francisco Examiner) 특파원이 찍은 것인데 흰 두루마기를 걸치고 걸어가는 남자들을 바라보고 서 있는 기모노차림의 일본 여성 두 명이었다. 뒷모습이긴 하지만 파라솔까지 든 여유있는 느긋한 모습이었다. 분명히 한국 땅이었다. 그리고 헐벗은 한국사람들 사진도 있었다. 사진 상의 분위기는 이미 일본이 이 땅의 주인이었다. 그 기자는 평양에서 일본인 감시관에 지적당해 추방되었다.

나는 물론 1910년 한일합병 이전에 이 땅에서 살지는 않았다. 그러나 위에서 소개한 자료들을 보면서 1910년 이전에 이미 한국은 일본의 일부이었구나 하는 생각을 안 할 수가 없다.

이쯤에서 나는 왜 한일관계가 항상 명랑하지 못한가 그 이유를 생각해보았다. 비유를 들어 설명하겠다. 남녀가 정상적으로 결혼식을 하고 정식부부가 되어서 그때부터 같이 살았다면 결혼 생활을 몇 년 했는가가 분명하다. 그런데 여자가 결혼도 하지 않은 남자에게 몸만 한 번씩 주다가, 시간이 더 지나가서 동거하다가 또 시간이 더 지나 결혼식을 했다면 그 여자가 그 남자의 부인이었던 연수(年數)가 도대체 몇 년이라고 해야 할지가 애매하다. 더구나 여자가 결혼 전 동거생활을 수치로 생각하여 비밀로 부쳐버리면 태어난 자식들은 자기가 몇 살인지도 모르고 어떻게 태어났는지도 모른다.

　내 일생의 경험에 의하면 최선의 정책은 정직이다. 한국인은 정직보다 체면을 더 존중하니까 한일관계가 이토록 불편하다고 생각한다. 한국은 한때나마 남의 나라의 치하에, 특히 일본의 식민지이었다는 사실을 무척 창피하게 생각 하고 있는 듯하다. 즉 아주 체면이 손상되었다고 생각한다.. 자신이 못나서 남의 신세를 졌던 사람이 남의 집에 붙어 살던 기간을 되도록 축소하여 발표하는 심리와 비슷하다. 물론 인간이 체면이라는 것도 있어야 하겠지만 체면보다 더 중요한 것이 정직이다. 비록 부끄러운 일을 행했지만 정직하기만 하면 마음도 편해지고 조만간 명예를 얻을 수 있지만 체면에 사로 잡혀 있으면 안쓰럽기만 하다.

　내가 학창시절 내내 들은 이야기는 우리나라가 1910년부터 일본식민통치를 36년간 받다가1945년 해방되었다는 것이었다. 그러나 1904년 2월23일 체결된 한일의정서에는 대한제국정부는 대일본제국정부를 확실히 믿고(확신하고) 시정(施政)의 개선에 대한 충고를 듣겠다고 되었다. 이 정도되면 듣기에 민망하겠지만 일본이 한국의 기둥서방이 된 것이 아니고 무엇이겠는가. 그러니까 일본이 독도를 시마네현으로 편입 (1905년 2월 25일) 한 것도 당시로서는 전혀 문제될 것이 없었을것이다. 독도이야기가 나온 김에 말하지만, 일본이 독도가 자기 것이라고 주장하는 이유 중 하나는 일본이 독도를 일본 영토라고 발표할 때 한국이 아무런 이의도 제기하지 않았다는 것이다. 즉 국제법상 임자없는 땅은 먼저 국기 꽂은 나라가 임자이니까 자기는 아무런 하자가 없다는 것 아닌가. 그런데 정말 다행히도 한국이 스스로 말하기를 1910년부터 1945년까지만 일본 강점기이었다고 말하고 있으니 일본주장에 수긍할 사람도 나오지 않겠는가. 한국은 1904년부터 일본의 통치하에 있었다고 정직하게 사실대로 말하면 일본이 독도를 시마네현으로 편입할 때 한국은 왜 아무런 말도 안 했냐고 하는 주장은 누가 봐도 지극히 어색한 말이 되고 말것인데… 그러니까 한국이 울릉도 옆 독도 때문에 일본한테 속이 상하는 것은 다분히 자업자득이다.

  내가 중고등학교 역사시간에 혼자서 이상하게 생각한 것이 고종황제의 황제 명칭이었다. 황제는 중국의 거창하게 큰 나라 즉 당, 원, 명, 청 이러한 국가들, 서양에서도 고대 로마 같은 나라들의 왕이 쓰는 명칭이고 고려나 조선 왕국들은 황제라는 명칭이 없었는데 왜 느닷없이 조선 왕 중에서 그것도 나라가 망하기 직전에야 갑자기 황제가 등장하였는가 하는 것이 어색하게 느껴졌었다.

　이제 내가 이 나이가 되어서 겨우 나름대로 이해가 되었다. 고종은 1863년 왕위에 올랐으나 국호를 대한제국이라고 바꾸고 초대황제가 된 것이 1897년 2월이었다. 그런데 이 해는 청일전쟁(1894-1895)이 일본의 승리로 끝난 후이었다. 그럼 청일전쟁이란 것이 무엇이었는가? 그 이전 수 백년 이상을 조선을 자신의 속국으로 두고 있었던 청국을 일본이 물리치고 승리한 전쟁 아니었던가. 그럼 상전이던 청나라가 힘이 없어져버렸으니 마음 놓고 황제가 한번 되어 본 것인가?

　그러나 청나라 힘을 빼버린 것이 조선 자신이 아니고 일본이었으니까 일본 눈치를 안 볼 수가 없었을 것이다. 그렇다면 일본이 보기에 조선은 이미 받아 둔 밥상이니 조선 왕이 자신을 무엇이라고 호칭하든 신경 쓸 것도 아니지 않겠는가. 조선은 그야말로 자기들 마음대로 할 수 있는 땅이 되었으니 말로 인심이나 쓰자는 것 아니겠는가. 고종황제니 대한제국이니 하는 명칭은 글자 그대로 종이 한 장 뿐이니까. 만약 고종이 그 이름 그대로 진짜 명실공히 조선 땅의 황제폐하이었다면 어찌 자신의 신하 이준 열사를 네델란드로 보내는 것이 밀사파견이어야만 하겠는가. 자신의 신하를 심부름 보낸 것인데 그것이 은밀하게 저지른 죄가 되어서 퇴위 당하고 (쉬운 말로 쫓겨 나서) 순종에게 황제를 양위하였으니 (1907년) 내실은 전혀 없으면서 화려한 이름과 왕실만 유지하는 조선왕실의 모습이었다. 이러한 작전을 지휘한 사람이 노련한 정치인 이등박문이었다고 하니 고종이 대한제국을 세우고 초대 황제가 된 것도 일본이 부추기었을 것으로 추측된다. 이 작전을 통하여 조선도 황제국가이므로 청나라 황제는 다시는 조선을 속국으로 만들 생각을 행여라도 하지 말라는 다짐이면서 일본은 조선 왕을 황제까지 되도록 안녕과 권위를 보장한다는 사탕발림의 전략이지 않았겠는가. 이렇게 설명을 하고 보니 왜 다 망한 나라의 마지막 왕이 느닷없이 황제가 되었는가 그 의문이 풀리는 것 같다..

즉 일본은 조선왕실이란 것은 그 체면만 세워주면 속은 다 빼먹어도 좋다고 생각하였던 것이다. 이러한 설명은 그 이후 계속되는 한일합병조약을 읽어보면 더욱 확실해진다..

나는 그 조약문을 읽어 본 것은 내가 직장에서 은퇴한 후이었다. 나는 피부과의사로서 한평생을 살았지만 나 이외의 친구들도 한일합방은 1000번도 더 들었지만 정작 그 조약문을 읽어본 사람은 드물 것 같아 여기에 전문 8조를 요점만 정리하여 소개한다.

1조 : 한국 황제는 한국의 통치를 일본국 황제에게 양여한다.

2조 : 일본국 황제는 이를 승낙한다,

3조 : 일본국 황제는 한국 황제 가문의 존칭, 명예향유,
품위유지비등을 보장한다.

4조 : 한국 황족 및 후예들도 3조처럼 보장해준다.

5조 : 한국인들 중에서 공로를 세운 자는 작위도 주고 상금도 준다.

6조 : 일본은 한국의 시정을 책임진다.

7조 : 한국인도 일본관리가 될 수가 있다.

8조 : 이 조약은 공포한 날로부터 시행한다.

메이지 43년, 융희 4년 (1910년)

여기에서 융희는 고종황제를 이어서 황제가 된 순종황제의 연호이다.

이상을 요약하면 이(李) 황실은 자신의 품위가 유지되고 먹고 살 것이 걱정없으면 민족과 국가는 관심이 없다는 것 아니겠는가. 한일합방의 가장 핵심 조항은 3조이었다고 생각한다. 그리고 백성들도 일본의 관리가 될 수 있다니까 얼마나 좋은가. 그러니까 조선이 망한 것은 일본이 조선을 빼앗았다는 것보다 조선이 자신을 바친 것을 일본이 받아준 것 이라는 중국학자 량치차오의 말이 수긍이 간다. 물론 조선왕실도 변명하고 싶은 말은 있을 것이다. 이준 열사도 만국평화회의에 보내려고 하였고, 등등 진짜 황제가 있는 대한제국을 만들고 싶은 마음이야 있었겠으나, 덕수궁이나 창덕궁에서 왕실의 체면을 유지하는 것으로 위로를 삼았을 것이며 또 힘이 없었음을 한탄도 하였을 것이다. 그러나 어떻게 그렇게도 힘 없는 왕실이 되었는가 그 이유를 알아보면 더욱 씁쓸하다.

조선이 왜 약하고 힘이 없어 졌는가 그 것은 조선왕실(조선정부)의 부정부패와 무지때문이었다.

나는 최근 김종필씨의 회고록에서 다음 글귀를 눈 여겨 보았다. "일본에 유린당한 우리역사는 나라가 약해서였고 힘이 없었기 때문이다. 다른 데로 이유를 돌릴 필요가 없다" 나는 이 말을 다음과 같이 이해한다. 조선이 망한 것은 조선 책임이라고, 그리고 일본 때문에 망했다고 원망할 필요가 없다고.

조선에 처음으로 일본군이 발을 들여놓게 된 것은 1882년 임

오군란 때문이었고 임오군란은 구식 군인들이 신식 군인들에 비하여 푸대접을 받아서 일어났다고 하지만 이렇게 개화기의 자연스러운 시대변천처럼 얼버무려 넘어갈 일이 아니다. 그 직접 동기는 구식 군인들에게 줄 곡식을 담당 대신이 빼돌려서 일년이상 급료를 주지 않고 마지막에는 모래를 거의 절반이나 섞은 쌀을 급료라고 지급하였기 때문이었다. 즉 조선왕실의 부정부패 때문이었다는 표현이 훨씬 더 정확하고 정직한 표현이다. 그래서 구식 군인들이 흥분하여 관리들을 살해하면서 일본인 교관을 비롯하여 일본 관리들도 살해당하자 일본이 군함과 군대를 보내게 되었고, 청일전쟁이 일어나게 된 것도 당시 전라도 지방 관리들의 심한 부정부패로 농민들이 살 수가 없게 되어 일어난 민중반항(동학난)을 서울의 조선왕실이 부정부패관리를 벌주고 농민들의 이야기를 들어 볼 생각은 안하고 동학군을 진압하려고 청국과 일본군을 차례로 불러들인 것이 원인이다. 그래서 백성들만 수 십만을 죽여버리고 결국 나라를 통째 일본에게 갖다 바친 것이다. 그래도 일본 황제에 바쳤으니 평민 백성 전봉준에게 바친 것보다는 훨씬 체통이 섰다고 생각했을 것이다. (사실 전봉준은 자신이 이왕실을 무너뜨리고 정권을 잡겠다는 발상도 가져 본 적이 없었을터인데...)

  내가 또 학교 다닐 때 배운 것이 송병준 등의 일진회가 친일파 매국노라고 배웠다. 사실 이들이 순종에게 한일합방을 하라고 상소문을 제출하곤 하였다. 그런데 일진회 회원이 무려 최소 9만명이상 (자신들은 100만 회원이라고 하였지만) 이었다니 어이가 없다. 도대체 당시 정치에 관심있는 조선백성이

9만 명 이상 이나 되었다는 것은 믿을 수도 없을 것 같지만 또 사실일 것으로 충분히 짐작할 수 있다. 풍부한 정치자금이 있었기 때문이다. 물론 이 자금은 일본에서 온 것이었다. 청일전쟁 때에도 조선백성들은 일본 군수물자를 부산에서 인천으로 운반하는 짐꾼 일을 맡기 위해 조선관리들에게 청탁을 하면서 줄을 섰다는 것을 미루어 생각하면 일진회 회원들도 가입자가 충분히 많았을 것으로 짐작 할 수 있겠다. 김구선생의 백범 일지를 보면 당시 백성들은 나라가 옛날부터 청나라 속국으로 살았는데 상국이 청국이 되었든 일본국이 되었든 무슨 상관이냐 하는 식이었다고 한다. 이는 실제 피부로 느끼는 문제는 같은 민족인 양반 지배계급한테 혹독하게 착취당하는 것이었기 때문이었을 것으로 생각한다.

마지막으로 내가 보고 싶은 나의 바람을 몇 가지 다음과 같이 정리해본다.

● 태평양전쟁때 끌려 간 한국인 위안부들에게 일본 아베 수상이 와서 사죄를 해야 한다고 하는 것에 대하여:

아베는 물론 위안부가 동원될 때 세상에 태어나지도 않았다. 그러나 당시 일본 정부를 계승하고 있기 때문에 책임을 지고 사과하라는 것 아니겠는가. 그렇다면 아베보다 100배 먼저 위안부에게 사죄할 사람이 한국대통령이다. 당시 한국정부(조선왕실)가 너무나도 정부 노릇을 못하여 나라를 일본에 바치고 순진한 백성들이 군위안부가 되었다는 생각은 조금도 하지 않는 것 같다. 부모가 무능하여 자식들을 고생시켰다는 사실이 알려지면 체면에 손상된다고 생각하는지 부모책임은 말도 하지 않고 그 동안 자식들을 부려먹은 사람이 나쁜 놈이라는 말만 계속하고 있다. 박근혜 대통령이 유체이탈 화법이라고 하지만 정부수립 이후 한국정부인사들은 이점에서 모두 유체이탈 사고방식을 가진 것 같다.

그리고 내가 학교 다닐 때는 일제치하 또는 식민지이었다고 항상 들었는데 언제부터인가 최근에는 일제 강점기라고 부른다. 강점기라고 불러야 한국민이 억울하다는 것이 잘 부각이 되는 모양이다. 그러나 위안부가 동원될 때 그 당시에는 일본 열도와 한반도가 일본이라는 국명으로 하나의 국가이었다. 이것은 이른바 역사적 사실이다. 그러니까 일본으로서는 자국국민을 동원한 것 뿐이다. 사실 일본은 미국과의 전쟁에 패해서 자기 국토 일부가 분리되었다고 생각하고 있는 모양이다. 태평양 전쟁때 위안부가 되었건 총알받이 군인이 되었건 가장 많이 희생이 된 민족은 일본민족이다. 오키나와 여성들은 오키나와 방어를 위한 일본군을 위하여 동원된 결과 일본군들은 여성문제로 부족한 것이 없었다는 것 아닌가… 일본은 한국이 친하게 지내면서 배워야 할 장점이 많이 있는 나라이므로 지난날의 이른 바 한일감정이라는 것으로부터 벗어나는 것이 좋다고 생각한다. 또 미국은 대한민국의 탄생에 절대적으로 공헌을 하였다는 사실은 잊을 수가 없다. 어떤 지식인들은 미국이 한국 국민을 위해서 일본과 전쟁을 했던 것은 아니라고 말하나 이러한 인간행동의 동기에 관한 것은 차원이 다른 문제이다.

② 종종 일본이 왜 중국에게는 과거사 사과를 하면서 한국에게
는 안하고, 또 독일은 유럽국가들과 유대인(이스라엘)들에
게 사죄를 잘하는데…. 일본은 사과를 왜 하지 않느냐고 하
는 의견에 대하여:

중국은 일본하고 하나의 국가가 되어 본 적이 없다. 그것을
한국은 무시하고 시치미를 떼고 있다. 유럽에서 2차대전은 독
일이 선전포고를 하고 이웃국가를 폭격하고 탱크로 밀고 들어
가고 이스라엘 민족자체를 없애버리려고 하였지만 일본은 그
동기는 어찌되었건 한국에 신작로와 철도를 만들고 우편제도
로서 모두가 편지도 받게 하고, 학교도 짓고 일인교사들도 보
냈다.. 그때 일본인들에게 교육받은 사람들이 다 나의 선생님
이 되었다. 프랑스 사람이 독일에서 교육받았다고 자랑하는
사람이 얼마나 있는지 모르지만 내가 학교 다닐 때 선생님들
은 일본사람으로부터 교육을 받아서 교사와 교수가 된 사람들
이었다.

그러니까 독일이 유럽에서 사과를 하고 일본이 중국에는 사
과를 한다고 해도 일본은 한국에게 동급의 사과를 할 감정을
기본적으로 갖지 못한다.

한국은 자기 반성은 없고 남에게 당했다는 생각만 한다. 항
상 억울하다는 생각만 하면서 산다. 여자가 남자에게 강간을
당하면 피해를 봤을 망정 자존감은 상하지 않는다. 그러나 자
기가 속이 없어서 몸을 주고 난 후 갈라서게 되면 더욱 속이

상하고 체면이 말이 아니게 되고 당연히 상대편이 더욱 미워지는 그러한 심리가 아닐까? 일본은 자국민 5백만명의 희생에 원자폭탄까지 맞고 미국에게 패망하고서도 바로 1945년 그 해 가을부터 미국을 배워야 한다고 국비장학생으로 수 백명씩 미국유학을 매년 보내기 시작하였으나 한국은 일본이 물러간 후에 20년 동안은 일본에 누가 기술이라도 배우려 갈려면 밀수선을 타고 밀항을 해야만 하였다. 전세계적으로 일본을 무시하는 나라는 한국밖에 없다고 한다. 그러므로 한국은 일본에게 사죄 받을 생각보다 일본을 배울 생각을 더 많이 하는 것이 좋다.

남북관계에 대하여:

남북한 문제에서도 한국은 호칭과 체면에 크게 의존하려는 인상이다. 원래 기본적으로 고유명사라는 것은 또래들과 구분을 하기 위하여 생겨난 것이다. 이웃을 제압하기 위하여 있는 것이 아니다. 사람 수가 많다 보니 동명이인이 생기는 것은 어쩔 수 없지만 동명이인이 한 직장에서 있게 되면 혼동이 생긴다. 국제 사회에서 북한의 공식명칭은 Democratic People's Republic of Korea (DPRK) (조선민주주의인민공화국)이고 남한은 Republic of Korea (ROK) (대한민국)이다. 알다시피 올림픽 경기 등 각국대표들이 함께 나오는 장에서는 약자를 로마자 3개로 쓰니까 북한은 PRK로 쓴다. 그러니까 북한은 PRK이고 한국은 ROK이다.

둘 다 K 즉 Korea 이므로 그 앞 글자로 구분한다. 내가 1970

년대 군복무 중 미군들은 한국군을 록크(ROK)army 라고 불렀다. 아마 지금도 마찬가지일 것이다.

그런데 현재 국제사회에서 실제로 한국정부가 어떻게 하고 있는가를 생각해보자.

한국은 아마도 내 기억으로는 1988년 올림픽이후라고 생각되는데 약자를 KOR로 사용하고 있다. 지금 발행되고있는 즉 여러분이 소지하고 있는 여권을 보면 발행국(issuing country)이 KOR이라고 되어 있다. KOR은 KOREA의 처음 세 글자이다. 물론 Republic of Korea라고 여권 표지에는 쓰어 있지만, 출입국서류, 비자 서류 등등 실제 통용하는 문서에는 발행국을 쓰게 되어 있고 이 발행국이 KOR로 되어있다.

또 한국은 약자로 쓰지 않을 경우에는 Korea라고만 쓴다. 또는 Seoul-Korea라고 쓰면 썼지 South Korea라고는 쓰지 않는다. 비록 외신들은 South Korea라고 쓰지만 말이다. 한국정부가 스스로는 South Korea라는 말을 쓰지 않는 이유는 South가 있다면 North가 당연히 있다는 것으로 전제가 되어야 하니까 그것이 심리적으로 싫어서 그러는가 보다.. 내가 대학에 재직 당시에 우체국에서 사용하는 국제 우편 주소 발신자 난이 아예 Seoul-Korea라고 인쇄되어 있었으니 외국친구들이 서울에 오면 전주가 서울의 한 구역 정도로 알고서 저녁시간에 잠깐 나와서 얼굴 좀 보자고 했다.

우리나라 전국 지방대표들이 모였을 때 전라북도 대표는 명찰을 "전라북도" 라고 하였는데 전라남도 대표가 명찰을 "전라도" 라고 쓰면 그것이 올바른 태도일까. 어쩌다 실수한 오타가 아니고 계속 전라도라고 사용하면서, 전라남도가 전라도라고 홍보까지 하고 다니면 곤란할 것이다. 전남대표가 전북까지 관할하겠다는 말인가? 전라북도 사람들은 불쾌하게 느낄 것이 아닐까?.

한국의 헌법에는 대한민국의 영토는 한반도와 그 부속도서로 되어있다고 하였으니 그래서 한국이 바로 KOR(Korea) 라고 주장하는지 모르지만 그것은 한국의 헌법일 뿐이다. 1948년도 한국정부가 한반도의 유일한 합법정부로 유엔으로부터 인정받았다 것은 기술적(technically)으로 옳은 말이다. 정확하게 알고 보면 당시 선거가 가능하였던 한반도의 그 지역 즉 38선이하에서 한국정부가 합법정부라는 것이었다. 지금 북쪽 절반은 유엔에 한국(ROK)과 동등한 지위로 가입되어 있는 독립국가(PRK)이다. 그러므로 나는 KOR 이라는 명칭을 보면 대한제국이라는 명칭이 생각난다. 즉 자기의 바람과 현실을 착각하고 호칭으로 만족하는 사고방식 말이다. 성인들의 모든 인간관계는 상호 호칭에서 시작한다.

우리나라 사람들은 정직보다 자신의 체면과 명칭 또는 지위에 집착하는 경향이 있다. 정직이란 사실을 사실대로 인정하는 것이다. 가난한 사람이 가난을 벗어나기 위하여 자기집 간판을 부잣집이라고 붙인다고 해서 되는 것도 아니고 가난한 사실을 인정하는 것이 부끄러운 일도 아니다. 한국은 이웃나라들이 역사왜곡을 한다고 흥분하면서도 자신의 역사왜곡은 의식하지 않는 것 같다. 나의 돌아가신 선친께서 해 주신 말씀이 "정직이 최고의 기술이다" 라고 하셨는데 지금 우리나라가 세계 각국과 경쟁하여 경제적으로 어느 정도 성공하였다고 자부심을 가지고 있지만 정직하지 않은 국민과 국가는 행복할 수가 없다고 생각한다.

2016년 4월 2일 밤

필자 주:

이 글은 필자의 모교 전남대학교 의과대학 동창회보 제41보에 실렸던 글입니다.)

70이 되어 든 생각들

저자   임철완
54903 전주시 덕진구 호성로 132 102-1002
H·P . 010.9194.4669
e-mail : cwihm@jbnu.ac.kr

발행일   2017년 4월 초판 발행
2017년 6월 2쇄 발행
2017년 10월 개정 3쇄 발행
2018년 12월 개정 4쇄 발행
2020년 3월 개정 5쇄 발행
2021년 6월 개정 6쇄 발행
2021년 9월 개정 7쇄 발행

발행처   아사히출판
55000 전주시 완산구 현무1길 9번지 KT전주지사빌딩 4층
Tel. 063.288.4812
Fax. 063.288.4813
e-mail : asahi2003@empal.com

정가   13,900원
ISBN   978-89-7910-136-2 03230